KB062583

알아두면 유익한 진짜
공무원의 세계

알아두면 유익한 진짜

공무원의 세계

초판 1쇄 2023년 3월 2일 찍음
초판 1쇄 2023년 3월 15일 펴냄

지은이 | 권기환
펴낸이 | 강준우

기획 · 편집 | 박상문, 김슬기
디자인 | 최진영
마케팅 | 이태준
인쇄 · 제본 | 제일프린테크

펴낸곳 | 인물과사상사
출판등록 | 제17-204호 1998년 3월 11일

주소 | (04037) 서울시 마포구 양화로7길 6-16 서교제일빌딩 3층
전화 | 02-471-4439
팩스 | 02-474-1413

ISBN 978-89-5906-681-0 03300
값 16,000원

공무원의 탄생과 일상

알아두면 유익한 진짜 공무원의 세계

권기환 지음

머리말

무사안일, 복지부동, 직무 유기, 근무 태만, 면피 행정, 늑장 대응, 기강 해이, 무책임, 무능, 부패, 비리, 비효율, 뒷북, 발뺌, 변명, 은폐, 말 바꾸기, 관피아, 유착, 외압….

여러분은 '공무원' 하면 어떤 단어가 가장 먼저 떠오르나요? 물론 긍정적인 말도 있겠지만, 자극적이고 부정적인 말들이 먼저 생각나기 마련입니다. 공무원을 부정적으로 생각하는 것은 다른 나라라고 해서 크게 다르지 않습니다. 국민의 세금으로 월급을 받는 공무원을 대체로 차갑고 냉소적인 시각으로 바라봅니다.

그럼에도 우리나라에서는 여전히 많은 젊은이가 공무원이 되기를 바라며 신림동이나 노량진과 같은 고시촌에서 공부하고 있습니다. 인류의 오랜 역사에서도 정도의 차이는 있었지만, 공무원은 항상 인기 있는 직업이었습니다. 예나 지금이나 공무원이 되기 위해서는 경쟁률이 높은 시험을 뛰어넘어야만 했습니다. 그렇다면 앞으로 다가오는 미래 사회에서 공무원은 어떻게 달라질까요?

힘든 시험을 통과하고 나면 본격적으로 직장 생활을 하게 됩니다. 공무원의 직장 생활도 일반 회사와 비슷합니다. 피라미드 체계 안에서 그들도 인사와 승진에 큰 관심을 가질 수밖에 없고, 의미 없이 길게 이어지는 회의는 따분하기만 하고, 징계와 민원은 항상 어렵고 두렵습니다. 공무원의 현실이 그리 녹록치 않음을 사람들은 대체로 아는데도, 왜 다들 공무원을 하고 싶어 하는 걸까요?

물론 자신의 적성과 성향에 맞아서 공무원이 되려는 사람들도 있지만, 직업적인 안정성을 이유로 꼽는 사람이 많은 것도 사실입니다. 공무원은 법으로 신분을 보장하고 있는 만큼 커다란 잘못을 저지르지 않으면 정년까지 일할 수 있습니다. 반면에 공무원이 되면 지켜야 할 의무와 금지되는 행위도 많습니다.

공무원이라고 해서 경제활동에 관심이 없는 것은 아닙니다. 비록 알고 시작하기는 했지만 적은 봉급에 실망하고 당연히 성과급에 관심이 커져만 갑니다. 언젠가 누구에게나 퇴직의 시간은 다가오기 마련이고, 노후를 든든하게 대비하기 위해서는 차곡차곡 쌓아둔 연금이 필수적입니다.

이 책은 우리가 잘 알고 있는 것 같지만 실제로는 알기 어려운 공무원의 세계에 최대한 다가가려고 노력했습니다. 여러 제도의 역사와 실체를 찾아가다 보면 과거의 공무원 생활도 지금과 그다지 차이나지 않는 것을 확인할 수 있습니다. 그리고 다른 나라의 공무원 사회도 많은 문제에서 우리와 비슷한 어려움을 겪고 있습니다.

오늘도 공무원들은 현장에서 짠 내 나게 일하고 있습니다. 때로는 비난과 질책을 받기도 하지만, 바삐 움직이며 조용히 책임을 다하는 수많은 그들이 있었기에 우리 사회는 큰 혼란 없이 유지되고 조금씩이나마 성장하고 있습니다.

어느덧 공무원 생활을 시작한 지 17년 차가 되었습니다. 개인적으로 힘든 일이 많은 요즘이지만 가족의 소중함을 더 많이 느낄 수 있었습니다. 다시 평범한 일상으로 돌아갈 수 있는 날이 오기를 간절히 바랍니다. 아내와 아들 하준, 딸 하윤에게 사랑한다는 말을 전합니다. 그리고 항상 든든하게 곁을 지켜주시는 어머니와 장인 장모님께도 감사와 존경의 인사를 드립니다. 마지막으로 탁월한 안목으로 이 책이 세상에 나올 수 있도록 도와준 인물과사상사 관계자분들에게 진심으로 감사하다는 인사를 전합니다.

2023년 3월

권기환

차

례

1.

공무원은 무엇으로 사는가?

공무원의 탄생

> 살기 위해 봉급이 필요한 자, 자신의 자리를 떠날 자유가 없는 자, 쓸데없이 서류를 뒤적이는 것 외에 할 줄 아는 게 없는 자.

1841년 프랑스 작가 오노레 드 발자크는 『공무원 생리학』이라는 책에서 당시 프랑스 공무원을 이렇게 정의했습니다. 신랄한 그의 비판에 따르면, 프랑스 공무원은 하루 종일 아무 일도 하지 않으면서 봉급이나 축내는 존재에 불과했습니다.

> 사무용 책상에 앉아 온종일 뭔가를 끼적이고 있으며, 사무용 책상은 그가 사는 알껍데기이고, 공무원이 없으면 책상도 없다.

오전 9시에 출근하지만, 대화하고 토론하고 깃털 펜을 다듬는 일 등을 하다 보면 오후 4시 반이 된다. ―

시대 변화에 따라 공무원의 역할과 위상은 달라졌지만, 공무원을 냉소적으로 바라보는 국민의 시각은 여전히 남아 있습니다. 반면 현재 독일의 기틀을 만든 이로 평가받는 프로이센의 전 총리 오토 폰 비스마르크는 공무원들이 제대로 일하지 않으면 국가를 원활하게 운영할 수 없다고 말했습니다.

| 당신에게 형편없는 법과 제도가 있어도 훌륭한 공무원이 있다면 여전히 통치할 수 있다. 그러나 당신에게 형편없는 공무원이 있다면 최고의 법과 제도가 있어도 아무런 소용이 없다. ―

공무원은 일반적으로 국가나 지방자치단체의 사무를 맡아보는 사람을 말합니다. 헌법재판소(1992년 4월 28일)는 공무원을 '국민에 의하여 선출되거나 임용되어 국가나 공공단체와 공법상의 근무 관계를 맺고 공공적인 업무를 담당하는 사람'이라고 보다 구체적으로 정의합니다.

공무원으로 임용되면 공직을 평생의 직업으로 여기고 오랜 기간 근무할 수 있도록 조직되고 운영되는 것이 직업 공무원 제도입니다. 헌법 제7조 제2항에서도 "공무원의 신분과 정치적 중립성은 법률이 정하는 바에 의하여 보장된다"고 하여 직업 공무원 제도를 규정하고 있습니다. 이러한 직업 공무원 제도가 안정적으로 운영되려면 정권이 교체되거나 변경되더라도 별다른 혼란 없이 직무를 수행하도록 공무원 신분을 보장하고, 특정한 소수 권력이 아닌 전체 국민에게 봉사하는 역할을 하도록 해야 합니다.

유럽의 절대군주 국가에서 발달하기 시작한 직업 공무원 제도는 현재 대부분의 국가에서 공무원 제도의 바탕을 이루고 있습니다. 과거에는 제국의 통치자들이 국가를 효율적으로 다스리기 위한 수단으로 관료제를 구축하고자 했습니다. 로마 시대에는 황제가 황족이나 귀족이 추천한 인물 중에서 관리로 임명해 행정을 책임지게 했습니다. 이렇게 임명된 관리는 스스로 공적인 업무를 수행하기도 하고, 국가에서 봉급을 계속 받으면서 다른 이를 다시 고용해 행정 업무를 처리하기도 했습니다.

중국에서는 한나라 왕조 이후 국가가 주관하는 공식 시험을 통해 관리를 등용하는 과거 제도가 발전했습니다. 일부 관리는 여전히 귀족층과 유력 인사의 추천으로 선발했지만, 점차 과거제를 통해 유능한 인재를 선발하는 방식이 확대되었습니다. 유교 지식을 갖춘 문신 관료들이 국가 운영의 중심으로 등장하게 된 것입니다. 중국에서 587년 처음 실시된 과거 제도는 기존의 귀족 세력을 억누르고 중앙집권적인 관료 체제를 확립하기 위해 실시되었으며, 수나라와 당나라 시대부터 본격적으로 발달했습니다.

개인 능력을 바탕으로 하는 공무원 임용 방식은 같은 한자 문화권인 우리나라와 베트남에도 많은 영향을 미쳐 두 나라에서도 과거 시험을 통해 관리를 선발하는 제도를 운영했습니다. 우리나라에서는 958년(광종 9년)에 처음 도입되었습니다. 고려 초기 왕권을 위협하던 호족 세력을 제압하고 유교적 소양을 갖춘 문신 중심의 관료 체제를 갖추기 위한 목적이었습니다. 과거제 실시 이전에는 개인의 능력보다 가문과 혈통이 중요했습니다. 신라에서는 진골 집안이어야 했고, 고려에서는 귀족 가문 출신만이 출세할 수 있었습니다. 베트남은 중국의 영향을 받아 1075년 과거제를 처음 도입한 후 1919년까지 지속되었습니다.

과거제는 유교를 국가 지도 이념으로 삼았던 나라에서 유교 경전의 시험을 통해 관리를 선발하는 제도입니다. 과거 제도의 가장 큰 장점은 동일한 조건의 시험을 거쳐 능력을 갖춘 사람을 공정하고 합리적으로 선발할 수 있다는 점에 있습니다. 일반인을 대상으로 학문적 능력을 평가하는 시험을 통해 유능한 인재를 지속적으로 배출하는 방법을 제도화한 것이 바로 과거 시험입니다. 이처럼 과거 제도는 재능 있는 사람을 관직으로 진출시키는 통로이자 새로운 인재가 계속 나타나도록 동기를 부여하는 효과가 있었습니다.

이후 과거 시험은 조선 시대 내내 존속하다가 1894년 갑오개혁 때 폐지되었습니다. 갑오개혁에서 인재를 등용하는 데 있어 출신 가문이나 지역을 가리지 않고 널리 유능한 자를 채용하는 능력 중심의 새로운 관리 임용법을 도입하기로 했기 때문입니다. 갑오개혁 발표 두 달 전인 1894년 5월 15일에 마지막 과거 시험이 치러졌습니다.

고려 때부터 지속되던 과거 시험의 폐지는 양반들을 중심으로 한 백성들에게 엄청난 충격을 던졌습니다. 그도 그럴 것이 거의 1000년이라는 긴 기간 동안 과거는 사실상 유일한 신분 상승과 출세의 관문이었기 때문입니다. 당시 조선에 머물던 미국인 교육가 엘라수 와그너는 과거가 폐지된 직후의 상황에 대해 "공무원 임용 시험인 과거를 폐지하자 충격이 너무 커서 이 땅의 젊은이들은 한동안 교육 수단으로서 한자에 흥미를 잃은 것 같았다"고 묘사했습니다.

그렇지만 과거제가 사라지고 신분제가 철폐된 이후에도 양반과 평민을 차별 대우하는 뿌리 깊은 신분제의 관념은 상당 기간 계속되었습니다. 당시 신문 기사에서도 왜곡된 사회 풍조를 강하게 비판하고 있습니다.

> 대한 양반으로 말하면 그전 문무 동서반이 있어 말하기를 양반이라 하고 벼슬을 아니 한 사람은 상인이라고도 하며 평민이라고도 한다. 양반이라 하여 자신의 조상이 대신이든지 능참봉하나면 지녔으면 자손은 백면서생이라도 양반서생님이라 하고, 말단 관리나 시장 상인하던 사람은 벼슬하여 각부 대신에 이르더라도 상사람이라 하니 이것은 실로 지탄하도다.
>
> ○ 「반상론」, 『독립신문』, 1899년 1월 2일.

물론 조선 시대 양반들은 고위 관직을 배출한 가문에 힘입은 음서 제도와 기존 관료의 추천에 의한 천거 제도를 통해서 과거 시험을 치르지 않고도 관직에 진출할 수 있었습니다. 그러나 두 제도는 과거에 비해 사회적 위상이 현저히 낮았고 관료로서 승진에도 불리했습니다. 음서 출신자는 홍문관이나 사헌부 같은 핵심 관직에서 일하기 어려웠고, 이 때문에 그들은 현직에 있으면서도 또다시 과거에 응시하는 경우가 많았습니다. 귀족 세력을 중심으로 음서제가 상대적으로 중시된 고려 사회에 비해 과거가 중요해진 조선 시대는 능력을 우선시하는 사회로 나아간 것으로 평가할 수 있습니다.

과거에서는 문과 시험을 가장 우선시했고, 그다음이 무과, 음서 순서였습니다. 1633년(인조 11년) 7월 이조판서 최명길은 과거를 중시하는 양반 사회의 분위기를 이렇게 말합니다. "조상 대대로 벼슬하는 집안 자제가 독서를 부지런히 하는 것은 그 목적이 과거에 이르는 데 있습니다. 문과를 공부하여 뜻을 이루지 못하면 문과를 포기하고 무과를 취하고, 문과나 무과 두 가지를 이루지 못한 후에야 비로소 음관 벼슬로 나아갑니다. 그 경중의 차이가 이와 같이 있는 것입니다."

과거제의 폐지는 유교 경전 중심의 전통적인 유학 교육 대신에 새로운 학교 교육이 등장함을 의미합니다. 과거 제도가 폐지된 이후 일제강점기에는 공무원 선발을 위해서 고등문관시험과 보통문관시험이 실시되었습니다. 광복 이후 1949년부터는 고등고시와 보통고시로 운영되었습니다. 그 뒤로 여러 차례 개편을 통해 1981년 현재의 1~9급 공무원 계급이 생겼고, 5급·7급·9급 시험의 선발 체계를 만들었습니다.

과거제를 통해 확립된 동아시아의 능력주의는 서구 사회에도 많

직급별 공무원 선발 체계의 변화

<table>
<tr><th>연도</th><th>공무원 계급</th><th>5급 공채</th><th>7급 공채</th><th>9급 공채</th></tr>
<tr><td>1949년</td><td rowspan="5">1~5급</td><td>고등 고시</td><td colspan="2">보통 고시</td></tr>
<tr><td>1961년</td><td>고등 고시 행정과</td><td rowspan="4">공채 시험
(4급 을류)</td><td rowspan="4">공채 시험
(5급 을류)</td></tr>
<tr><td>1963년</td><td>3급 공채 시험</td></tr>
<tr><td>1968년</td><td>3급 을류 공채 시험</td></tr>
<tr><td>1973년</td><td>행정 고등 고시(3급 을류)</td></tr>
<tr><td>1981년</td><td rowspan="2">1~9급</td><td>행정고등고시(5급)</td><td rowspan="2">7급 공채 시험</td><td rowspan="2">9급 공채 시험</td></tr>
<tr><td>2011년</td><td>5급 공채 시험</td></tr>
</table>

자료: 『서울신문』, 2012년 3월 26일.

은 영향을 미쳤습니다. 처음 중국을 방문한 유럽인들은 시험으로 공무원을 뽑는 걸 보고 큰 충격을 받았다고 합니다. 원래 중세 시대 유럽에서는 주군과 가신이 토지를 매개로 서로 보호와 복종을 약속하는 봉건제가 지배적이었으며, 공적 업무와 사적 업무의 경계도 명확하지 않았습니다. 18세기까지도 유럽 국가 대부분에서 공무원은 여전히 추천으로 선발하거나 사고파는 매관매직의 대상이었으며, 맡은 업무도 귀족과 같은 중요 인물의 비서 역할에 그쳤습니다. 서구에서 실질적으로 능력주의에 입각해 공무원을 선발하기 시작한 것은 동아시아보다 훨씬 늦은 19세기부터였습니다.

미국과 영국 등 직업 공무원 제도가 발전한 나라에서도 처음에는 선거에서 승리한 개인이나 정당이 적극적인 지지자들에게 공무원 자리를 나누어주는 엽관제spoil system를 운영했습니다. 선거 결과에 따라 관직이 결정되는 엽관제에서는 공무원이 정치적 판단과 행위를 할 수밖에 없었습니다. 공무원이 되기 위해 돈을 주고받거나 행정 능력이 부족한 공무원들이 정치에 개입하면서 업무 처리 과정에 많은 문제가 발생했습니다.

이후 엽관제를 대체한 현재의 실적제merit system는 능력 위주의 공무원 임용과 승진 제도에 바탕을 두고 있습니다. 공무원의 자율권을 줄이고 법과 규정에 따라 업무를 수행하도록 만든 제도입니다. 정치적 판단은 정치인에게 맡기고, 행정은 정치적 합의 사항을 토대로 한 법과 규정에 따라 시행하도록 했습니다. 즉, 주권자의 뜻에 따라 합의를 끌어내는 것은 정치인의 몫으로, 국민적 합의를 수행하는 것은 공무원의 몫으로 나눈 것입니다. 이는 직업 공무원의 안정성과 민주주의를 조화시키려는 노력이었습니다.

영국에서는 1806년 동인도회사가 공무원이 될 인력을 양성할 목적으로 런던에 동인도회사대학을 설립했습니다. 영국은 1850년대 크림전쟁에서 무능한 관료들 탓에 많은 인명 피해가 발생했다는 비판이 제기되면서 기존 관료제가 취약점이 많다는 사실을 인식했다고 합니다. 이후 1860년대가 되어서야 경쟁시험을 통한 공무원 임용 제도와 능력에 따른 승진제가 도입되었습니다. 미국은 1880년대부터 능력주의 원칙에 따른 공무원을 채용하기 시작했습니다. 그리고 1883년 최초의 연방공무원법인 '펜들턴 공무원 제도 개혁 법안'(펜들턴법)이 만들어짐에 따라 공무원의 신분을 보장하게 되었습니다. 이전까지는 대통령이 바뀌면 공무원들도 모두 교체되는 것이 관례였습니다.

공무원이 실질적으로 비중 있게 자리 잡기 시작한 계기는 제2차 세계대전이 끝난 후 세계 각국이 국가가 주도적인 역할을 담당하는 큰 정부를 지향하면서부터입니다. 유럽은 복지국가 건설에 경쟁적으로 나섰으며, 한국을 포함한 개발도상국들은 정부 주도의 경제발전 전략을 구상하고 진행했습니다.

공무원은 진짜 철밥통인가

"공무원의 최대 장점은 내가 안 잘린다는 것이고, 단점은 저 사람도 안 잘린다는 것이다." 인터넷에 많이 소개되는 공무원의 장단점을 표현하는 농담입니다. 공무원은 법으로 신분을 보장하고 있습니다. 따라서 본인이 스스로 그만두지 않는 한 웬만해서는 신분이 유지되기 때문에 이 말은 충분히 일리가 있습니다.

물론 흠이나 비리로 공무 수행이 부적절하다고 평가되면 자리를 유지할 수 없고, 실적이 낮거나 나쁜 근무 평가를 받아 경쟁에서 밀려날 경우 사실상 자리를 지키기 어렵습니다. 또한 공적인 지위에 있다 보니 항상 감시의 대상이 되고 훨씬 엄격한 윤리적 잣대를 적용받습니다. 사회에서는 어느 정도 용인되는 일들도 비리로 여겨질 수 있고, 심한 경우에는 처벌 대상이 되기도 합니다. 그러나 사회적으로 물의가 될 만한 큰 잘못을 한 경우만 아니라면 공무원 신분을 유지하는 것 자체에는 큰 어려움이 없습니다.

4000여 년 전 고대 이집트의 관료였던 아버지가 아들에게 남긴 글에서도 공무원이 되기를 간절하게 바라는 내용이 담겨 있습니다. 그 당시에도 공무원은 사회적으로 선망의 대상이었던 것으로 보입니다.

> 구리 세공사가 되면 손가락이 악어처럼 변하고, 몸에서 물고기 똥 같은 냄새가 난다. 목수는 매일같이 야근해야 하지. 보석상은 밤새 허리를 구부리고 구슬을 꿰어야 하고, 이발사는 일찍 출근하고 늦게 퇴근하는 데다 고객을 찾느라 항상 돌아다녀야 해. 도자기를 만드는 사람은 흙투성이가 되고, 벽돌공은 오물을 만져야 한다. 하지만 글 쓰는 공무원인 서기관은 이런 괴로움이 없을뿐더러 가난에 시달릴 일도 없지. 내가 좋은 서기관 학교를 알아봐 놨으니, 공부 열심히 해서 꼭 서기관이 되거라.
>
> ○ 고대 이집트 「두아케티의 교훈」 일부 요약.

언제부터인가 직업적 안정성을 가진 공무원을 가리키는 말로 '철밥통'이라는 표현을 많이 사용합니다. 철밥통은 공무원이 직장에서 쫓겨날 염려가 없이 신분을 군건하게 보장받음을 의미하는데, 여기에는 일종의 비아냥거림도 포함하고 있습니다.

| 「'철밥통 매력 못 느껴' MZ 세대가 공무원 떠나는 이유」

○ 『아시아경제』, 2022년 7월 1일.

| 「정부 조직 대수술 시동 … '철밥통' 공무원 더 안 늘린다」

○ 『뉴시스』, 2022년 7월 12일.

원래부터 '밥통' 또는 '밥그릇'은 단순히 밥을 담는 도구만을 뜻하는 게 아니라 '일자리'를 의미하기도 하고, '밥만 축내고 제 구실을 하지 못하는 사람'을 나타내기도 했습니다. 이렇게 쓰이던 말이 해고될 염려가 없는 직업을 뜻하는 '철밥통'으로 변하게 된 것은 중국에서였다고 합니다.

국립국어원에 따르면 철밥통은 1980년대 중국에서 해고될 염려가 없는 국영기업체 직원을 '티에판완鐵飯碗' 또는 '지엔판완金飯碗'으로 부르기 시작한 데서 유래했다고 합니다. 이런 중국어 표현을 번역하는 과정에서 1990년대 후반 언론이나 문학 작품에서 철밥통이나 쇠밥통이 본격적으로 사용되다가 2000년대 이후에는 거의 철밥통이라는 말만 쓰이게 되었다고 합니다.

| 교수직을 영원히 지닐 '쇠밥통'으로 여기는 한, 대학은 사회의 경쟁 대열에서 낙오하고 만다.

○ 『한겨레』, 1997년 3월 19일.

우리나라에서는 2009년 고려대 한국어대사전에 철밥통이라는 말이 실립니다. 철로 만들어서 튼튼하고 깨지지 않는 밥통이라는 뜻으로, 해고 위험이 적고 고용이 안정된 직업을 비유적으로 이르는 말로 풀이하고 있습니다. 철밥통은 이제 공무원이나 공공기관 근무자뿐만 아니라 신분 보장이 잘 되는 다른 직업군까지로 확장되어 널리 쓰이고 있습니다.

> 업무상 과실 치사와 사체 유기 혐의로 실형을 받아 의사 면허가 취소된 A가 면허를 다시 내달라고 제기한 소송에서 법원은 A의 손을 들어줬습니다. 많이 뉘우치고 반성하고 있다는 게 이유 중 하나인데, 의사 면허는 이른바 '철밥통 면허'란 비판이 나옵니다.
>
> ○ 〈JTBC 뉴스〉, 2022년 5월 30일.

우리나라 공무원이 철밥통이라고 비판하면서 참고 사례로 많이 드는 것이 싱가포르 공무원 제도입니다. 싱가포르에서는 공무원을 단일한 시험이 아닌 100퍼센트 개방형으로 선발합니다. 대학 졸업생 가운데 성적과 면접을 보고 개별 계약을 맺는 방식으로 진행하며, 최고 인재에게 최고 대우를 해줍니다. 5년차 사무관급 공무원의 경우 성과가 상위 20퍼센트에 해당하면 연봉이 2억 원을 넘으며, 우수한 인력들은 5년 내에 국장, 차관보까지 고속 승진도 가능하다고 합니다. 반면에 저성과자로 분류된 사람은 강제적인 성과 검토 과정을 거치고, 이를 통해 개선되지 않으면 바로 퇴출될 수도 있습니다.

매년 10퍼센트가량의 인력이 물갈이된다고 하니 철밥통과는 확실히 거리가 있어 보입니다.

물론 서울 정도의 면적에 인구 570만 명의 도시국가이면서 공무원이 6만여 명인 싱가포르와 우리나라를 같은 잣대에서 비교하기는 어렵습니다. 그러나 우리나라에서도 공무원의 경쟁력 강화를 위해 싱가포르의 제도에 관심을 많이 가지기도 했습니다. 『전자신문』 2015년 12월 11일 기사에 따르면, 인사혁신처가 "중앙공무원교육원을 국가인재개발원으로 확대 · 개편하는 데 싱가포르 공무원 대학 모델을 적극적으로 활용할 계획"이라고 밝혔습니다.

그러나 공무원이라고 해서 모두가 정년을 채워서 일하지는 않습니다. 개인 사정이나 주변 환경으로 정년이 되기 전에 공직을 떠나는 이가 많습니다. 인사혁신처 조사에서도 2013~2017년 국가공무원 퇴직자 중 정년퇴직이 차지하는 비율은 평균 32.7퍼센트에 불과했습니다. 2017년 전체 공무원 퇴직자 1만 9016명 중 자발적인 의사로 그만둔 의원면직 퇴직자가 9225명(48.5퍼센트)에 달합니다. 물론 형식적으로는 스스로 사직 의사를 밝혔지만, 주변 상황이나 압박으로 어쩔 수 없이 사표를 내는 경우도 꽤 존재합니다.

이런 현상은 공무원이 고위직으로 올라갈수록 많이 나타나는데, 고위 공무원일수록 중도 퇴직에 대한 압박에서 자유로울 수 없다는 것을 의미합니다. 실제로 2006년 고위공무원단 제도를 도입한 이후 2014년까지 정년퇴직한 고위 공무원은 8.8퍼센트에 불과하며, 78.1퍼센트가 자발적인 퇴직, 즉 의원면직으로 그만두었다고 합니다. 이런 현상은 지금이라고 해서 크게 다르지는 않습니다.

『이투데이』 2022년 6월 7일 기사 「[매력 떨어진 공직] 헌신의 대가는 '조기 퇴직'…고시 출신 사기도 바닥」은, "행정 고시 출신 고위 관료들의 공직 수명은 대체로 짧다. 특히 정권 교체기에는 장·차관뿐 아니라 1급 실장도 물갈이 대상이 된다"고 보도했습니다. 이 기사에서 한 고위 관료는 "요즘엔 재취업도 여의치 않아 빨리 승진하면 그만큼 일찍 백수가 되는 것"이라고 토로했습니다.

흥미로운 것은 이미 1960년대에도 공무원 이직을 심각한 문제로 받아들였다는 점입니다. 당시 신문 기사에서는 낮은 임금, 장관 교체에 따른 인사 파동, 공무원의 충성심과 위신의 쇠퇴 등을 이직의 주요 원인으로 분석했습니다. 공직을 떠나는 이유는 그때나 지금이나 크게 다르지 않아 보입니다.

> 공무원의 이직률이 연 5~6퍼센트 선을 넘고 있다는 사실은 여러 가지 문제점을 제기시킨다. 우리나라 35만여 공무원 중 알려진 바에 의하면 올해 들어 월평균 2980명이 그 자리를 떠나갔다 한다. 그리하여 5월 말 현재 1만 4000여 명의 공무원이 이직하는 사태를 빚어내고 말았다는 것이다.
>
> ○ 『중앙일보』, 1968년 6월 19일.

많은 사람이 생각하는 것처럼 공무원의 가장 큰 장점은 직업 안정성입니다. 그러나 이 때문에 발생하는 부작용도 있습니다. 아예 승진을 포기하고, 이미 자기에게 주어진 일이 많다는 등의 여러 핑계를 대며 업무를 거부하더라도 징계와 같은 불이익을 주기 어렵다는 점입니다. 사실 게으르다거나 불성실하다는 평가는 주관적일 수 있기 때문에 쉽게 단정 짓기도 어렵습니다. 그 사람이 하지 않은 일은 누군가 마무리해야 하고, 결국 일을 추가로 떠맡는 주변 동료들이 피해를 입게 마련입니다.

공무원이면서 일은 제대로 하지 않고 자리만을 지키는 데 급급한 사례는 조선 시대에도 마찬가지였습니다. 1442년(세종 24년) 4월 28일 이조에서 올린 상소에는 "평양 지역의 지방 관리는 자子·오吾·묘卯·유酉년에 임명하므로 중간에 비록 임무를 감당하지 못해도 중간에 바꾸는 일이 없으며, 유능한 사람을 포상하고 무능한 사람을 물러나게 하는 법이 없어 태만한 사람이 있습니다"라고 비판합니다.

또한 1425년(세종 7년) 6월 23일 대제학 변계량은 "신하들 중에는 나그네처럼 나아갔다가 나그네처럼 물러나며, 여러 명이 피리 부는 데 끼어 수나 채우고 생선 눈알이 진주에 섞이듯 하는 자도 간혹 있습니다"라며 중앙 관리들의 안이한 근무 태도를 강하게 비판하기도 했습니다.

조선 영조 시절 이중환도 책 『택리지擇里志』에서 맡은 업무는 소홀히 한 채 적당히 시간만 때우는 관료들의 태도를 꾸짖고 있습니다.

> 의관을 갖춘 자들이 모인 자리에는 오직 대청에 가득한 웃음소리만 들릴 뿐이고, 정사 다루는 것을 보면 자신의 이익만을

도모할 뿐이며, 실제로 나라를 걱정하고 공적인 일을 받드는 사람은 적다. 관직을 매우 가볍게 여기고, 관청 보기를 주막집처럼 여긴다. 재상은 중용이나 지키는 것을 어질다고 내세우고, 삼사三司는 말하지 않는 것을 고상하다고 하며, 지방관들은 청렴하고 검소한 것을 바보라고 생각한다. 점점 이런 상태로 가다가, 결국에는 어찌할 수 없는 지경에 이르렀다. —

복지부동 vs 영혼 없는 공무원

프랑스 농담에 다음과 같은 이야기가 있습니다. 공무원 두 사람이 길에서 일하고 있었습니다. 한 사람은 일정한 간격으로 땅을 파 구덩이를 만들고, 다른 한 사람은 옆에 쌓인 흙으로 그 구덩이를 계속 메우고 있었습니다. 지나가던 행인이 왜 이런 하나 마나 한 일을 하는지 궁금해 그들에게 물었습니다. 돌아온 답은 이랬습니다. "나무 심는 사람이 휴가 중이에요."

흔히 공무원이 책임지기 싫어 아무런 결정을 내리지 않는 소극적인 업무 태도를 비판할 때 복지부동伏地不動이라는 말을 많이 사용합니다. 복지부동은 땅에 배를 붙이고 움직이지 않는다는 의미로, 섣불리 위험부담이 따르는 정책을 추진하다가 쓸데없이 말썽에 얽히게 될까 봐 겁내는 행동을 비꼬는 말입니다.

복지부동이라는 말은 오래전부터 사용하던 사자성어가 아닙니다. 1990년대 초반 김영삼 대통령 시절에 본격적으로 등장했습니다. 이후에도 새로운 정부가 들어설 때마다 공무원 사회의 무사안일한 분위기를 비판하고 강력한 개혁을 추진하려는 목적으로 꾸준히 활용되었습니다.

> 요즘 공직 사회에 복지부동이라는 말이 있는데, 이는 있을 수 없는 일이고 또 결코 있어서도 안 된다고 생각합니다. 우리는 잠시라도 시간을 허비해서는 이제 안 되겠습니다.
>
> ○ 〈MBC 뉴스〉, 1994년 4월 23일.

> 「'복지부동' 공무원 기강 잡기 … "과감히 도전하라"」
>
> ○ 『중앙일보』, 2021년 2월 2일.

다른 나라 공무원이라고 해서 우리와 크게 다르지는 않습니다. 2021년 중국 공무원들의 복지부동한 행태를 질책하는 언론 보도가 나오기도 했습니다.

> 「시진핑 '내 지시 없으면 아무것도 안 해' … 관리들 '복지부동' 질타」
>
> ○ 『세계일보』, 2021년 7월 12일.

사실 관료들이 책임지기 싫어하고 소극적으로 행동하는 태도는 역사가 오래되었습니다. 중국의 『후한서後漢書』에도 '모두가 잘못이 두려워서 땅에 엎드린 채 감히 움직이지 못했다'라는 내용이 등장합니다. 부동不動은 원래 나쁜 의미가 아닙니다. 유교 경전인 『주역周易』에서 '부동'은 조용히 움직이지 않는 상태이며, 천하의 모든 일을 준비하는 상태를 말하는 것으로 최상의 경지를 의미했습니다.

조선 시대 역사 기록에는 임금이 일을 새롭게 추진하려고 하면 신하들이 전례가 없어서 안 된다고 반대하는 사례가 자주 등장합니다. 1789년(정조 13년) 7월 11일 사도세자의 무덤을 이장하기로 결정했습니다. 그때까지는 왕실 행사에 백성들이 동원되어 무상으로 일하는 것이 관례였습니다. 정조는 이런 관행이 백성들을 괴롭히는 처사라고 금지하며, 백성들에게 봉급을 지불하고 고용하라는 명령을 내렸습니다. 양반들은 국왕에게 잘 보이려고 자신들이 차출해놓고는 백성들에게 스스로 자원했다고 말하라고 지시했습니다. 정조는 아무리 전례가 있다고 해도 백성을 위하는 일에 전례에 구속될 필요가 없다며 반대했습니다.

원래 신하들이 과거 전례를 따지는 제일 중요한 목적은 권력 남용을 방지하기 위함이었습니다. 권력자가 무리한 공사를 진행하거나 이치에 맞지 않는 일을 추진하고 특정한 신하에게 권력을 몰아주려고 할 때면 신하들이 반대하는 이유로 자주 거론하는 것이 '전례가 없다'는 말이었습니다.

개국 직후인 1398년(태조 7년) 윤5월 1일 임금은 자신이 왕위에 오른 때부터 이후 역사를 기록한 사초를 바치도록 명령했습니다. 이에 도승지는 "역사는 곧이곧대로 써서 숨김이 없어야 합니다. 만약 군왕이나 대신이 스스로 보게 된다면 숨기고 꺼려서 사실대로 바로 쓰지 못함이 있을까 염려한 까닭입니다"라며, 사초 공개를 반대합니다. 태조는 자신의 뜻을 거역한다면 신하 된 의리가 없는 것이라며 압박합니다. 그러자 사관들까지 직접 나서서 "임금께서 당대의 역사를 보는 것은 이후 대를 이은 임금이 이를 구실로 삼을 것이니 나중에 전례가 되어 폐해가 큽니다"라며 강력히 반대합니다.

조선 후기로 접어들면서 '전례'를 악용하는 사례가 부쩍 늘어났습니다. 관리들은 자기가 편한 방향으로 행정 관행을 만든 후 전례와 관행을 내세우며 모든 개혁을 거부했던 것입니다. 관료들의 이런 태도에 화가 난 영조는 1733년(영조 9년) 3월 28일 관청별로 시행하고 있던 관행 기록을 정리한 책 『전례등록』을 모두 물이나 불에 던져서 폐기하라고 명령하기도 했습니다.

유럽에서는 공무원의 소극적인 업무 태도를 타조에 비유해 설명한다고 합니다. 행동경제학에서 주로 쓰이는 '타조 효과ostrich effect'라는 용어입니다. 맹수가 전속력으로 돌진해오면 타조는 도망갈 생각을 하지 않고 머리를 모래에 박는데, 제 눈에 보이지 않으니 남들도 보지 못할 것이라는 생각에서 비롯했다고 합니다. 이 말은 위기가 오더라도 눈앞에 닥친 문제를 해결할 의지는 없고, 문제를 일단 회피하려는 공무원의 행태를 비판할 때도 쓰이고 있습니다.

김대중과 노무현 정부 시절 중앙인사위원장과 방송위원장 등 장관급 직위를 맡았던 조창현 씨는 회고록에서 변화를 거부하고 기득권을 지키려는 관료들과 싸운 일화를 다음과 같이 소개했습니다.

> 정부혁신위원장 발령을 받았다. 오전에 출근해 몇 가지 혁신 업무를 지시한다. 오후에는 간부들이 내 방에 몰려와 오전 지시 사항에 대해 조목조목 반대 입장의 설명을 하고 간다. 정부 혁신은 관료들이 원하는 만큼만 할 수밖에 없다. 김대중 대통령은 임명장을 주면서 적어도 한 달에 두 번씩 직접 보고하라고 지시했다. 그러나 한 달에 두 번은 고사하고 단 한 번도 독대 기회를 갖지 못했다. 그 누구도 아무 일 없었던 듯한 태도였다. 나만 우습게 됐다.

> 대통령이 중앙인사위원장을 맡기면서 인사 업무를 행정자치부에서 인사위원회로 가져올 것을 지시했다. 참모들은 미적거렸고 관료들은 거세게 맞섰다. 대통령의 지시 사항인데도 행정자치부는 '끗발'이 서는 이것(인사 업무)을 포기하려 하지 않았다.

공무원들이 적극적으로 업무를 추진하지 않는 이유에 대해 2018년 감사원에서 중앙정부 및 지자체, 공공기관 근무자 2967명을 대상으로 조사한 적이 있습니다. 우선 공직 문화와 같은 환경적 요인(33.7퍼센트)이 가장 크다고 답변했습니다. 다음으로 불합리하거나 현실에 맞지 않는 절차 등 제도적 요인(26.2퍼센트), 적극 행정에 대한 공직자의 책임 의식 부족 등 개인적 요인(20.9퍼센트), 권위적이고 강압적인 리더십이나 내부통제 운영 등 조직적 요인(16.6퍼센트) 순서였습니다.

직급별로 보면 상위 직급으로 갈수록 공직자의 개인적인 요인을 보다 높게 인식하고 환경적인 요인을 낮게 인식했습니다. 업무를 직접 담당하는 6급 이하의 실무자들은 공직 내부의 문화나 조직 분위기와 같은 환경적인 문제가 크다고 본 반면에 조직을 운영하는 관리자들은 개별 공직자의 문제로 보는 경향이 있어 뚜렷한 시각 차이를 나타냈습니다.

공무원의 인식에 대한 다른 조사 결과에 따르면, 공무원 개인의 공직 사명감이 높을수록, 그리고 공공 봉사 동기를 가지고 공직에 진출할수록 무사안일한 행태가 나타날 가능성이 낮았습니다. 반면에 법적 신분 보장 강도가 강할수록 무사안일이 발생할 확률이 높다는 분석도 있습니다. 즉, 개인의 공직 입문 동기와 신분 보장 여부가 업무 태도와 연관된다는 연구 결과입니다.

사실 공무원들은 승진과 성과급 등의 보상 체계가 제한적인 상황에서 나름의 소신에 따라 처리한 일로 나중에 정치적 환경이 변하면서 감사나 수사 등 본인이 책임지는 상황이 되는 것을 극도로 꺼립니다. 이것은 얻을 수 있는 보상은 멀리 있고, 본인이 짊어져야 할 책임은 가깝기 때문일 것입니다.

정치적인 관점에서 볼 때 복지부동한다는 것은 대개 정치적 결정이나 명령을 내려도 듣지 않음을 의미합니다. 정치인들은 흔히 공무원의 복지부동을 언급하면서 명령이나 지시를 하더라도 뜻대로 움직이지 않는다는 비판을 많이 합니다. 이 말에는 공무원들이 소신껏 알아서 행동해줄 것을 기대하는 심리가 전제되는데, 공무원이 그들의 정치적 의지나 신념을 실현하는 도구가 되기를 바라는 것입니다. 만약 여기에 저항하거나 반발한다면 공직을 떠나야 하거나 승진은 아예 포기한 채 침묵하면서 지낼 수밖에 없습니다.

그러나 만약 효율성을 추구하는 성향이 강한 공무원 집단에게 정치적 판단을 할 수 있는 권한을 자유롭게 부여한다면 이는 또 다른 부작용을 불러올 수 있습니다. 공무원도 개별적인 이해관계와 정치적인 신념이 있기 때문에 자신의 이익과 당파적인 이해관계에 따라 정치적인 의사 결정을 할 가능성이 높습니다. 게다가 전문 지식이나 기능까지 갖춘 경우라면 더더욱 통제하기 어려워지고, 통제할 수 없는 권한은 부당한 권한 남용으로 이어질 가능성이 많습니다.

특히 최근에는 국가의 중요 정책과 법률을 직접 만들고 집행해야 하는 중앙 부처 공무원들은 물론이고 공직 사회 전반에 무기력증이 퍼지고 있다는 분석도 있습니다. 국회의 역할과 중요성이 높아지면서 정부 제출 법안보다 의원 발의 법안이 늘어나고, 당과 정부의 협의 과정에서도 부처 책임자인 장관이 사실상 배제되면서 공무원들은 일할 의욕이 사라지게 되었다고 합니다.

또한 국회도 정치적 상황이나 소수의 유불리에 따라 입법 속도를 늦추는 일이 빈번하게 발생하고 있습니다. 실제 정부가 낸 법안이 국회를 통과하는 처리 비율은 계속 하락하고 있습니다. 19대 국회(2012~2016년)는 73.5퍼센트였는데, 21대 국회 2년(2020~2021년)은 53퍼센트 수준에 불과하니 정부가 제출하는 법안의 절반만이 겨우 국회를 통과한 셈입니다.

실제로 현직 공무원 4100여 명을 대상으로 한 2021년 공직 생활 실태 조사에서는 이직할 의사가 있다는 공무원이 33.5퍼센트를 차지했습니다. 이직을 희망하는 이유로 낮은 보수(34.7퍼센트)가 가장 크고, 가치관과 적성에 맞지 않아서(14퍼센트), 과다한 업무(13.5) 순서였습니다. 떠나려는 사람이 자꾸 늘어나다 보니 공무원 사회가 활력이 떨어진 것은 어쩌면 당연한 모습이라고 볼 수 있습니다.

| 「영혼 없는 공무원? 그럴 수밖에 … 새 정부, 실패 반복하지 않으려면」 ○ 『매일경제』, 2022년 4월 20일.

'복지부동'이 책임지는 것이 두려워 아무런 결정을 하지 않는 소극적인 태도를 비판하는 말이라면, '영혼 없는 공무원'은 정권의 입장만을 생각하고 행동하는 적극적인 태도를 비판하는 말입니다. 이 말은 미국의 행정학자인 랄프 험멜Ralph P. Hummel이 관료제를 비판하면서 '공무원은 생김새가 인간과 비슷해도 머리와 영혼이 없는 존재'라고 언급한 것에서 유래했다고 합니다.

우리나라에서는 2008년 1월 새 정부 출범 직전 국정홍보처 업무 보고에서 이 말이 큰 화제가 되었습니다. 당시 한 전문위원이 전임 정부의 언론 정책을 비판하면서 국정홍보처 폐지를 주장했습니다. 이에 당시 국정홍보처장이 정권의 정책 방향을 따를 수밖에 없다며 '우리는 영혼 없는 공무원'이라고 하소연한 것에서 비롯되었습니다. 이후 이 말은 공무원의 소신 없는 행태를 상징하는 자조적이고 냉소적인 표현으로 널리 사용하게 되었습니다.

> 공무원도 '영혼'이 있어야 한다. 그들에게도 판단이 있고, 양식이 있고, 양심이 있다. 대통령과 장·차관이 지시한 일이 불법적 요소를 지니고 있거나 실패할 게 뻔한데도 무조건 복종하겠다면 영혼 없는 로봇이나 허수아비와 다름없다.
>
> ○ 「영혼이 있는 공무원이 나라를 살린다」, 『중앙일보』, 2008년 1월 5일.

그렇지만 열심히 일을 했다는 이유만으로 다른 정권이 들어서면 열심히 일한 것 자체가 시비의 대상이 되는 일도 많이 발생하는 게 현실입니다. 일할 당시에는 어떤 것이 진정으로 국민 대다수를 위한 길인지 확신이 서지 않는 애매한 상황이 적지 않기 때문입니다.

몇 해 전 일본의 대기업 회장이 일본의 경직된 관료 문화를 비판한 이야기가 화제가 되었습니다. 『뉴스원』 2020년 9월 8일 기사에 따르면, 유니클로 회장이 "할 말 못하는 일 문화 때문에 일본 망할 것"이라고 쓴소리를 했다고 합니다. 일본 공무원들이 제대로 일하지 않는 것은 영혼 없는 공무원만을 중용했기 때문이라는 것입니다. 정권의 눈치만을 살피는 영혼 없는 공무원들이 판을 치고 있어 그들이 정치인들에게 알아서 고개를 숙이는 행태를 보인다는 의미입니다.

일본 공무원 사회에는 '손타쿠忖度'이라는 말이 있습니다. 윗사람이 구체적으로 지시하지 않아도 눈치껏 알아서 하는 행동을 말합니다. 일본인들이라면 평소 잘 알고 있는 처세법이라고 합니다. 영국의 『파이낸셜 타임스』가 "모든 일본인이 손타쿠를 본능적으로 알고 있다"고 지적했을 정도입니다. 손타쿠는 사서삼경 중 하나인 『시경詩經』에 있는 '타인이 가지고 있는 마음을 내가 헤아린다他人有心 予忖度之'는 구절에서 유래했습니다. 일본 공무원 사회는 공무원들이 조직이나 사회의 불안을 일으키고 싶지 않기 때문에 의견이 다르면 아예 말을 하지 않아서 소통과 토론이 사라지고 있다고 비판받기도 합니다. 이러다 보면 결국 영혼이 사라질 수밖에 없습니다.

공무원에게 영혼이 없다는 비판은 주로 정치적 이념이 다른 집단의 명령을 무비판적으로 수용해 업무를 수행했다고 질책할 때 사용합니다. 그러나 국민이 선출한 권력의 강력한 의지를 거슬러가며 공무원이 자신의 소신을 유지해야 한다는 바람은 현실적으로 기대하기 어렵습니다. 그럼에도 복지부동한다거나 영혼 없는 공무원이 나라를 망친다는 이야기는 새로운 정부가 들어설 때마다 등장하는 단골 소재입니다.

1990년대생 공무원은 이미 대세

인류의 오랜 역사에서 기성세대의 눈에 비친 젊은이들은 항상 건방지고 버릇이 없다고 비판받는 걱정거리였습니다. 동서양이 다를 게 없었습니다.

> 젊은이들은 아무 데서나 먹을 것을 씹고 다니며, 부모에게 대들고 버릇이 없다.
>
> ◦ 소크라테스(고대 그리스 철학자)

> 지금 덜떨어진 젊은 녀석이 있어 부모가 화를 내도 고치지 않고, 동네 사람들이 욕해도 움직이지 않고, 스승이 가르쳐도 변할 줄 모른다. 이처럼 세 가지 도움이 더해져도 끝내 미동도 하지 않아, 그 정강이에 난 한 가닥 털조차도 바뀌지 않는 것이다.

2020년 말 행정부 국가공무원의 연령대별 비율은 20대 이하가 12.2퍼센트, 30대가 29.2퍼센트로 30대 이하 젊은 층이 전체의 41.4퍼센트를 차지하고 있습니다. 지방자치단체도 20대 이하가 15.4퍼센트, 30대가 26.7퍼센트로 전체의 42.1퍼센트를 점유하고 있습니다. 정년까지 일할 수 있는 고용 안정성과 야근이 거의 없을 것 같은 '저녁이 있는 삶'이 젊은이들에게도 공무원을 매력적으로 느끼게 하는 것입니다.

지금의 1990년대생들은 1997년 국제통화기금(IMF) 외환위기의 직격탄을 맞은 1970년대생들과 2008년 글로벌 금융 위기로 취업의 찬바람을 겪은 1980년대생들의 모습을 지켜보면서 자랐습니다. 이외에도 2009년 신종 플루, 2015년 메르스, 2020년부터 현재 진행형인 코로나19 등 여러 감염병 위기를 몸소 겪었습니다. 힘든 위기 때마다 자영업자들이 경영난으로 고통 받고, 노동자가 실직 위기에 처하는 현실을 직접 마주쳤습니다. 안정적이고 저녁이 있는 삶을 살기를 원하는 젊은이들이 늘어난 현상은 어쩌면 자연스러운 일입니다.

조직보다 개인을 중시하고 디지털 환경에 익숙한 젊은 공무원이 늘어나면서 공직 사회 문화에도 큰 변화가 발생하고 있습니다. 상급 직원의 부당한 지시인 '갑질'에 대한 호소가 늘어나고, 반말이나 잦은 회의, 야근, 주말 근무 등 기존에는 비판 없이 받아들이던 관행을

놓고 갈등이 빚어지기도 합니다. 물론 기존 공무원들은 자신의 주장이 뚜렷한 젊은 공무원들의 등장을 부담스러워합니다.

'꼰대'라는 말이 있습니다. 사전에는 늙은이를 가리키거나 학생들이 선생님을 지칭하는 은어로 풀이하지만, 최근에는 자기의 구태의연한 사고방식을 타인에게 강요하는 직장 상사나 나이 많은 사람을 가리키는 말로 널리 사용되고 있습니다.

공무원 사회에도 당연히 꼰대가 많습니다. 행정안전부가 20~30대 젊은 공무원을 대상으로 한 조사에서 거의 대다수(89.2퍼센트)가 자신의 직장에 꼰대가 존재한다고 답변했습니다. 주로 과거 경험만을 중시하고 세대별 차이를 무시하는 '라떼는 말이야' 유형과 무조건적인 상명하복을 강요하는 '군대 조교' 유형이 가장 흔하다고 했습니다. 반대로 같은 조사에서 40~50대 공무원 중에서 스스로를 꼰대라고 생각하는 사람은 39.8퍼센트에 불과했습니다.

이처럼 두 세대 사이에 괴리감이 크다 보니 인사혁신처에서는 공직의 비합리적인 관행을 근절하고 젊은 세대를 이해하는 근무 여건을 조성하기 위해서 공무원 인사혁신 지침을 내놓기도 했습니다.

> 근무 혁신 지침은 새천년 세대 증가에 따른 사회 · 문화적 변화에 맞춰 수평적이고 상호존중의 공직 문화 조성에 역점을 뒀다.
>
> ○ 「인사처 '꼰대 공무원' 안 되는 법」 - 『파이낸셜 뉴스』, 2021년 4월 25일.

예전의 버릇없고 건방진 젊은이들이 세상을 발전시켜 왔듯이, 지금의 젊은 공무원들은 앞으로의 공무원 조직과 문화를 이끌어 나가야 할 존재입니다. 공무원 사회도 새로운 변화를 바로 인식하고 발맞추기 위해 노력해야 합니다.

그런 측면에서 어려운 시험을 거쳐 공무원이 되었지만 젊은 나이에 공무원을 그만두는 사람들의 목소리에 귀 기울일 필요가 있습니다. 실제로 힘든 관문을 거쳐 공무원의 꿈을 이뤘지만 퇴직하는 젊은 공무원이 늘고 있습니다. 2021년에는 재직한 지 5년이 되지 않은 젊은 공무원 1만 1498명이 퇴직해, 전체 퇴직자의 25퍼센트를 차지했습니다. 2017년 5181명, 2019년 6664명에 비교하면 거의 두 배 가까이 늘어났음을 알 수 있습니다. 행정안전부 조사에서도 1980~2000년대 출생 공무원의 58.6퍼센트가 이직을 고민한 적이 있다고 답하기도 했습니다.

그렇다면 왜 젊은 공무원들은 '철밥통' 직장을 떠나려고 할까요? 개인마다 차이가 있겠지만, 위계적이고 억압적인 조직 문화(31.7퍼센트)와 일하는 방식에 대한 회의감(31.0퍼센트)이 가장 크다고 합니다. 이를 위해서 과도한 의전 문화와 수직적 의사결정 구조를 바꾸는 게 가장 필요하다고 말합니다. 즉, 의견을 내도 바뀌지 않는 결론이 공직 사회의 변화와 소통을 가로막는다고 생각하고 있습니다.

공무원 체계는 낮은 성과를 내더라도 도태시키기 어려운 구조입니다. 게다가 연공서열이 중시되다 보니 업무 능력이 다소 떨어지더라도 일하다가 사고를 치지 않는 사람이 결국 승진하게 됩니다. 이러다 보니 열심히 일해서 성과를 내기보다 적당히 일하고 실수를 하지 않으려는 무난한 사람이 상대적으로 많아질 수밖에 없습니다. 결국 공무원 조직에서는 일을 열심히 하는 사람일수록 더 많은 일을 하고, 모두 꺼리는 어려운 일을 맡게 되는 조직 분위기가 만들어집니다.

또한 낮은 수준의 임금에 대한 불만도 큽니다. 그들은 임금 수준 자체보다 성과급 등에서 발생하는 합리적이지 않는 결정 과정이 더 큰 문제라고 생각합니다. 대체로 공무원에 도전하기로 마음먹었다면 수험생들은 낮은 보수에 대해 이미 잘 알고 있고 어느 정도 감내할 생각도 있습니다. 그럼에도 젊은 공무원들은 업무 성과 면에서 기존 근무자들에 비해 공정한 평가가 이루어지지 않는 문제를 심각하게 받아들이고, 성과에 합당한 보상이 지급되지 않는 것에 불만이 강합니다.

물론 여전히 연공서열을 마냥 무시할 수 없는 공무원 조직의 분위기에서 이를 개선하기란 쉬운 일이 아닙니다. 젊은 공무원들도 관료 사회의 특성 때문에 객관적인 평가가 어렵다는 사실을 잘 알고 있습니다. 그러나 단지 더 오래 근무했다는 이유만으로 열심히 일해서 성과를 낸 사람보다 좋은 평가를 받는 모습을 보면 일에 대한 의욕과 직장에 대한 충성심은 떨어질 수밖에 없습니다.

낮은 보상과 경직된 조직 문화가 예전부터 이미 드러나 있는 문제점이라면, 공무원연금은 앞으로 언제 터질지 모르는 시한폭탄 같은 존재입니다. 젊은 직원일수록 지금처럼 국민연금보다 더 내고 덜 받는 공무원연금의 필요성에 의문을 갖고, 차라리 국민연금으로 바꾸고 퇴직금을 더 받는 게 낫다고 생각합니다. 실제 30대 이하 공무원 노조 조합원을 대상으로 조사한 결과에서도 절반 정도(47.8퍼센트)는 '퇴직금을 제대로 주는 조건으로 국민연금과 통합하는 방안을 논의해볼 만하다'고 대답하기도 했습니다.

그리고 개개인의 욕구와도 연관시켜 생각해볼 필요가 있습니다. 직장인이라면 누구나 자신의 일터에서 더 성장하기를 원합니다. 전문성을 갖춰 노동 시장에서 자신의 몸값을 올리고 싶은 욕망이 있는 것입니다. 공무원도 마찬가지입니다. 성장 욕구는 일할 시간이 아직 많이 남은 젊은 공무원일수록 더 강할 수밖에 없습니다.

그러나 현재의 공무원 업무는 성장 욕구를 충족시키기에는 많이 부족합니다. 전문가로 성장하기 위해서는 자신의 직무에 대한 전문성 강화가 필수지만, 공무원의 업무는 가치를 창출하기 어렵습니다. 게다가 2~3년마다 순환 근무도 해야 합니다. 따라서 근무 연수가 늘어날수록 성장한다는 느낌보다 정체되거나 도리어 후퇴한다는 느낌마저 들기 마련입니다.

| 「행시 합격 1년 뒤 학원 강사 이직 … 2030 세종 관가 탈출 줄잇는다」
○ 『매일경제』, 2022년 1월 12일.

힘들게 공무원이 되었다고 해도 젊은이일수록 현실과 이상의 괴리를 느끼면 새로운 도전을 시도하려는 경향이 강합니다. 사실 공무원을 그만두고 다른 직업을 선택하게 될 때 감안해야 할 것이 꽤 많습니다. 다른 일을 하면 비슷한 수준의 대우를 받을지는 물론이고 공무원이기에 누릴 수 있는 밀리지 않는 월급과 휴가, 휴직, 정년 보장, 연금 수령액 등도 고려해야 할 조건입니다. 그렇지만 새롭게 시작하고자 하는 일을 좋아하고 후회할 게 크게 없다고 생각한다면 젊은이들은 아직 의욕이 있기 때문에 조금 더 나은 환경과 조건의 다른 직업으로 과감히 옮기는 실천을 실행합니다.

기존 관료와 새롭게 공무원이 된 젊은이들 사이의 갈등은 조선시대에도 있었습니다. 선배들이 새로 들어온 후배들을 괴롭히는 관행인데, 이는 고려 말기부터 행해졌던 면신례免新禮에서 유래했습니다. 면신례는 자기 실력이 아니라 부모 덕분에 관직에 오르는 신입 관료의 기를 꺾고 관직 사회의 질서를 바로잡기 위한 의도에서 시작했다고 합니다.

그런 풍습을 분홍방粉紅榜이라고도 했습니다. 당시에는 과거 시험관이 응시생 이름을 살짝 보고는 젖비린내가 나거나 어리석은 가문의 자제를 뽑는 일이 많았는데, 그런 자들에게 선배들이 붉은 분가루를 얼굴에 칠하며 놀리는 데서 시작했습니다.

그러나 시간이 지나면서 신입 신고식은 점차 집단 괴롭힘으로 발전했습니다. 물론 면신례는 문과를 급제한 최고 엘리트 집단에서 시작된 일종의 험난한 통과의례였습니다. 여기에는 특권층이 되기 위한 좁은 문을 통과했다는 것과 장차 국가를 이끌 엘리트들이 결속을 다진다는 의미를 동시에 내포하고 있습니다. 그렇지만 가혹하고 무리한 신고식을 치르다가 사람이 죽는 안타까운 일도 여러 번 발생했습니다.

선배들은 새로 들어오는 신참을 동료나 사람으로 대하지 않으며, 새 귀신이라는 뜻의 신귀라고 불렀습니다. 신참들은 50일 후 신참 딱지를 떼는 면신례가 끝날 때까지 얼굴에 분칠을 한 채 다 떨어진 옷을 입고 선배를 찾아다니며 온갖 수모를 겪어야 했습니다. 어쩌다 새 귀신이 인사라도 하려고 찾아오면, 선배는 사람 취급을 하지 않았기에 돌아앉아 맞이하기도 했습니다. 심지어 금품을 상납하기도 했습니다. 이런 면신을 잘 치르는 신참은 재능과 인품을 인정받아 그 뒤의 관직 생활이 순탄했지만, 그러지 못하면 조직 생활에서 견디기 어려웠다고 합니다.

> 선배들이 새로 급제한 신참들을 청계천 다리로 불러 오라 가라 하며 장난거리로 삼는다. 이름을 거꾸로 부르게 하여 '도함'이라 하고, 더러운 도랑으로 걸어 들어가게 하고 '게잡이'라 하며, 땅바닥에 누워 구르게 하고 '멍석말이'라 하고, 하늘로 펄쩍펄쩍 뛰게 하고 '별따리'라고 했다. 박수치면서 하늘을 바라보며 크게 웃기도 하고, 땅바닥에서 한 치 떨어지게 고개를 숙이게 하며, 얼굴에 먹물을 칠하기도 하고, 담을 타 넘거나 춤을 추거나 한 발을 들고 껑충껑충 뛰면서 가기도 한다. 우스꽝스럽고 괴이한 일을 하나도 빠짐없이 모두 했다.
>
> ○ 심노숭, 『자저실기(自著實紀)』.

조선 초기부터는 집단 괴롭힘으로 변질된 신고식을 금지하라는 임금의 강력한 지시가 여러 차례 있었습니다. 그런데도 오랜 관습이라는 이유로 사라지지 않고 계속 이어져 신입 관료들을 힘들게 했습니다.

> "이런 악습은 예법에도 없고 중국에도 없는 일인데 습관이 되어 고칠 줄을 모르니 이보다 무식한 일이 없다. 오늘 이후로 신관과 구관 사이에 더럽히고 포악하고 희롱하는 일은 일체 통렬히 개혁하라. 혹시라도 구습을 답습하는 자가 있으면 적발하여 죄로 다스려라." ○『선조실록』 3권, 1569년(선조 2년) 9월 13일.

여성이 과반수가 넘은 공무원 사회

「국가직 9급 공채 최종 합격자 6126명 발표 … 여성 합격자 54퍼센트」 ○ 『경향신문』, 2022년 7월 5일.

2022년 국가공무원 9급 공개경쟁 채용 필기시험에서 여성이 전체의 54.1퍼센트를 차지했습니다. 2021년 55퍼센트보다는 다소 낮아졌지만, 여전히 절반이 넘는 높은 수치입니다. 특히 2022년 5월에 결과가 발표된 제1회 서울시 공무원 시험에서는 여성 합격자가 전체의 80퍼센트를 기록하기도 했습니다.

공무원 시험에서 여성 강세가 계속되다 보니, 2018년에는 정부 수립 이후 최초로 국가직 공무원의 절반이 넘는 숫자를 여성이 차지하기도 했습니다. 교육공무원인 교사는 여성 비율이 72.3퍼센트로 절대다수이고, 다른 분야에서도 여성 비율이 크게 늘어났습니다. 30년 전인 1992년 여성 공무원이 전체의 25.6퍼센트 수준(대략 85만 7000명 중 21만 9000명)이었던 것과 비교하면 엄청난 차이입니다.

이러다 보니 고위직의 여성 비율도 증가했습니다. 2021년 처음으로 중앙 부처의 여성 고위 공무원이 10퍼센트를 차지했습니다. 과장급 공무원도 24.4퍼센트를 차지했고, 지방자치단체에서 관리직에 해당하는 5급 이상은 24.3퍼센트를 기록하기도 했습니다. 이제 중앙이나 지방의 과장급 이상 공무원 네 명 가운데 한 명은 여성이라고 볼 수 있습니다. 그러나 많은 선진국이 가입한 경제개발협력기구OECD 평균 37.0퍼센트(2020년)에는 한참 못 미쳐 아직 최하위권 수준에 불과한 실정입니다.

여성 공무원 숫자가 크게 증가한 데에는 제도적으로 '여성 채용 목표제' 도입과 '군 가산점제' 폐지가 미친 영향이 크다고 할 수 있습니다. 공무원에 도전하는 여성 비율이 늘어나면서 여성 합격자는 꾸준히 40퍼센트 대를 유지합니다.

1996년 정부는 공공 부문에 여성 노동력 유입을 확대하고 인적 자원의 균형 있는 활용을 위해서 여성 채용 목표제를 도입했습니다. 이후 2003년 특정한 성별의 합격자 비율이 70퍼센트가 넘지 않도록 하는 '양성 평등 채용 목표제'로 전환해 현재까지 운영 중입니다. 2022년 9급 공채시험에서는 양성 평등 채용 목표제 덕분에 남성 40명과 여성 150명이 추가로 합격했다고 합니다.

그리고 1961년 도입된 군 가산점 제도는 제대군인에게 공무원 시험에서 과목별 득점의 가산점을 부여하도록 하는 것이었습니다. 이 제도는 1999년 헌법재판소에서 공무담임권, 평등권, 직업 선택의 자유를 침해한다는 이유로 위헌 판결을 받아 폐지되었습니다.

조선 시대 여성은 과거 시험에 응시조차 할 수 없었습니다. 심지어 재혼한 부녀자의 아들과 손자까지도 과거에 응시할 수 없었습니다. 부녀자가 재혼하지 못한다고 규정한 법은 없었지만, 재혼한 부녀자의 아들과 손자의 과거 응시를 제한하는 규정이 사회적으로 재혼 금지법으로 효력을 발휘했습니다.

이후 일제강점기에는 공무원을 선발하는 고등문관 시험과 보통문관 시험에서 여성의 시험 도전 자체를 제한하지는 않았습니다. 하지만 시험을 거쳐 합격한 남자여야만 조선총독부 관리 자격을 갖는다고 명시했기 때문에 여성은 시험에서 사실상 소외되었다고 볼 수 있습니다.

그래서 당시 여자고등학교를 나온 고학력 여성들도 교원이나 사무직 등으로 취업하기보다 결혼을 선택하는 이가 많았습니다. 1938년 동덕여고와 진명여고 졸업생의 경우에는 각각 64퍼센트와 80퍼센트가량이 가정주부가 되었다고 합니다. 당시 고학력 여성들이 결혼 상대자로 인기가 많기도 했지만, 엄격한 가부장제나 사회의 여성 차별 현상도 그들의 사회 진출을 가로막았습니다.

해방 이후 1949년 고등고시 제도가 도입되고, 1951년 법조인을 선발하는 사법과에서 최초로 여성 합격자가 나왔습니다. 반면 행정고시에서는 한참 후인 1973년에 첫 여성 합격자가 나왔고, 또다시

8년이 지난 1981년에야 두 번째 합격자가 나왔습니다.

역사 속의 여성 공무원은 대표적으로 궁녀와 의녀가 있습니다. 궁녀는 궁궐 안에서 왕과 왕실 사람들의 생활을 돕는 역할을 하는 여성을 가리킵니다. 왕실의 의식주를 담당하거나 육아 도우미 역할을 했다고 보면 적당할 것입니다. 궁녀의 정식 명칭은 궁궐 안에서 근무하는 여성 관원이라는 뜻의 '궁중여관宮中女官'입니다. 즉, 궁녀는 다른 관리와 마찬가지로 지위를 가지고 봉급을 받는 전문직 여성 공무원이었습니다.

궁녀는 왕비가 다스리는 내명부에 소속되었습니다. 정식 품계를 받는 상궁과 나인이 있고, 품계를 받지 못하는 비자, 방자, 무수리 등으로 나뉩니다. 궁궐에 들어와서 15년쯤 지나야 나인이 되었고, 나인으로 다시 15년을 일해야 상궁이 될 수 있었습니다. 상궁은 궁녀 중 최고 품계인 정5품에 해당하는데, 모든 궁녀를 지휘하는 최고 우두머리인 제조상궁과 임금 곁에서 수발을 드는 지밀상궁이 있었습니다. 그리고 보모 역할을 하는 보모상궁과 궁녀들의 행동을 감시하고 평가하는 감찰상궁 등도 있었습니다.

궁녀라고 하면 백제 의자왕 때 '삼천 궁녀'를 떠올리는 이도 있습니다. 백제가 멸망할 때 낙화암에서 궁녀 3000명이 떨어져 죽었다고 하지만, 실제 낙화암은 그렇게 많은 사람이 떨어질 수 없는 구조라고 합니다. 후대의 조선과 비교해보아도 백제에 궁녀가 3000명이나 있었다는 건 지나친 과장이라는 주장이 많습니다.

조선에서도 임금에 따라 궁녀의 운영 규모와 방식에 차이가 있었습니다. 이익의 『성호사설星湖僿說』에 따르면, 영조 때는 급료를 지급하는 궁녀가 684명이었다고 합니다.

> "이제부터 대왕대비전에는 시녀 10명, 무수리 6명, 파지 4명, 수모 3명, 방자 5명, 여령 1명으로 하고, 왕대비전에는 시녀 9명, 무수리 5명, 파지 3명, 수모 2명, 방자 7명, 여령 1명으로 하고, 대전에는 시녀 20명, 무수리 10명, 파지 6명, 방자 12명, 여령 1명으로 하고, 이들에게 의복, 식사, 급료를 지급하라."
>
> ○ 『성종실록』 3권, 1470년(성종 1년) 2월 6일.

궁녀는 보통 10년에 한 번씩 선발하고, 원칙적으로 열 살 직후의 관청 여종을 대상으로 삼았습니다. 하지만 실제로는 인원이 부족해 양인 중에서 뽑기도 했습니다. 먼저 가족 중에 죄인과 병력이 있는지 확인한 후 일을 잘할 수 있을지를 점검하는 선발 과정을 거쳤습니다.

> 사헌부가 아뢰기를, "근래 시녀를 선발하면서 액정의 하인들이 여염집을 두루 돌아다니는데, 끝까지 뒤져 찾아내거나 뇌물을 받고 멋대로 처리하는 폐단이 없는 곳이 없습니다. 한 여자를 고르면서 여러 집이 침탈을 받고 있는데, 임금께서 어찌 그 폐단을 다 밝혀 헤아릴 수 있겠습니까. 옛날 임금 가운데는 재해를 당해 궁녀를 내보낸 예도 있었습니다. 지금 시녀를 골라 들이는

일을 그만둘 수는 없지만, 풍년이 들 때까지 천천히 기다렸다가 신중히 일을 처리하도록 하여 문제를 일으키는 폐단을 없애소서." 하니 임금이 따랐다.

◦ 『현종개수실록』 6권, 1661년(현종개수 2년) 11월 29일.

액정掖庭이란 궁궐 관리를 맡아보던 관아를 말합니다. 이처럼 양인 여성들을 궁녀로 선발하자 여러 문제가 계속 발생합니다. 결국 영조는 양인을 궁녀로 선발하지 못하게 하는 법 조항을 만들기도 했습니다.

민진원이 이르기를 "근래 들으니 여염 사이에서 궁인을 선발하는 일이 있다고 하는데, 과연 그렇습니까? 궁궐 노비 중에서만 선발하고 양갓집을 범하지 않는 것은 오래전부터 내려오는 전통입니다. 지금 들으니 이 일 때문에 백성들 사이에 원망이 크다고 합니다. 마땅히 전해오는 규정을 따르소서" 하니, 임금이 말하기를 "… 각기 제 부모가 고생하며 길렀는데 하루 아침에 선발하여 깊은 궁중에 유폐시킨다면, 어찌 차마 할 수 없는 일이 아니겠는가? 지금 액정에 남아 있는 자가 본래 적으니 비록 당 태종唐太宗이 놓아 보낸 일을 본받을 수는 없지만, 어찌 또 선발해 들일 수 있겠느냐? 해당 관노를 내수사로 하여금 현고現告하게 하여 형조에 옮겨 도배徒配하도록 하라" 했다.

◦ 『영조실록』 5권, 1725년(영조 1년) 4월 29일.

궁녀는 여덟 시간 일하고 하루를 쉬는 격일제 근무를 했습니다. 야간 근무를 하는 지밀상궁은 하루를 주간과 야간으로 나눠 2교대로 근무했습니다. 궁녀는 종신직이었으며, 대체로 60세가 지나면 낮에만 근무하고 일찍 쉬었습니다.

이렇게 궁궐에서 평생을 보냈지만, 궁녀는 큰 질병에 걸리거나 나이가 많아지면 궁궐을 나가 원래의 자기 집으로 가거나 절에 들어가 일생을 마쳤다고 합니다. 궁녀는 원칙적으로 혼인할 수 없었지만, 궁궐을 나오면 다소 융통성이 있어서 결혼한 사례도 있었습니다.

> "일찍이 대비를 모시면서 한곳에 일했는데, 대비께서 돌아가신 뒤에 저는 궐 밖으로 나가 시집을 갔습니다."
>
> ○『인조실록』 39권, 1639년(인조 17년) 9월 2일.

궁녀들은 항상 궁궐에서 생활하면서 필연적으로 최고 권력 집단과 가까운 관계를 유지할 수 있어 일부는 관리들과 부정하게 결탁하는 경우도 있었다고 합니다.

> 여알女謁이 성행하고 뇌물이 횡행했기 때문에 인사가 있는 날에는 편전 정문 밖에 사람들이 시장 바닥처럼 모여들었다. 뇌물을 받은 궁녀가 어떤 사람을 낙점하게 하여 감사·병사·수사 및 수령·변장이 되면 반드시 '백금 몇 냥으로 나는 이 벼슬에 제

수될 수 있었다' 고 드러내어 말하고, 들인 밑천을 바치도록 독촉했다. ○ 『광해군일기』(정초본) 179권, 1622년(광해군 14년) 7월 14일.

여알이란 궁녀를 통한 청탁을 말합니다. 궁녀가 뇌물을 받고 청탁하는 사례는 단지 조선에만 있었던 일이 아니며, 고려 때도 많았습니다.

> 우왕 14년 6월 하교했다. "근래에 권세 있는 간신들이 권세를 잡고 뇌물을 받아들이니 다투어 바치는 것이 풍습처럼 되었으며 궁녀들을 통하여 청탁하는 행위도 성행하여 염치와 도의가 없어졌다. 사헌부로 하여금 이를 엄격히 금지하도록 하라."
>
> ○ 『고려사』 권85, 지 권제39, 형법 2, 금령.

또한 궁녀들 중에는 권력자들의 권위를 뒷배 삼아 함부로 행동하는 일도 종종 있었습니다. 1778년(정조 2년) 윤6월 13일 임금은 궁녀들의 그릇된 행태를 비판하면서 직접 부적절한 행동을 금지하라는 명령을 내리기도 했습니다.

> "대저 궁녀라 이름하는 자들이 기녀를 끼고서 풍악을 벌이고 궁궐 노비를 많이 거느리고 꽃놀이라 하여 길거리에 끊임없이 오가면서 되돌아보고 거리낌이 없다. 심지어 재상들의 강변 정자나 교외 별장에 마구잡이로 들어가는 일도 있다 한다. 이 밖

에도 천박하고 더러운 일이 더 있으나 말만 추잡해진다." —

조선 시대의 의녀醫女도 관가 노비 중 어린 여자아이를 뽑아 의술을 가르치면서 탄생한 여성 공무원입니다. 의녀는 조선 초기 태종 때 제생원에 근무하던 허도의 상소에서 필요성이 처음 제기되었습니다.

> "부인들이 병이 있는데 남자 의원으로 하여금 진맥하여 치료하게 하면 부끄러워서 병을 숨기다가 사망에 이르곤 하니, 여자아이들을 골라 의술을 가르쳐서 부인을 치료하게 하소서."
>
> ○ 『태종실록』 11권, 1406년(태종 6년) 3월 16일. —

『경국대전經國大典』에는 3년마다 의녀를 150명 정도 선발했다고 기록하고 있습니다. 이 중 실력이 뛰어난 70여 명은 궁중 안에 위치한 내의원에 배치했고, 나머지는 의료 기관인 혜민서, 활인서와 각 지방 의원에서 근무했습니다. 의녀의 역할은 당연히 의료인의 기능이었지만, 범죄자의 성별 감식, 양가 부녀에 대한 심문, 구타를 당한 부인의 상처 조사 등으로 활동 범위를 점차 넓히기도 했습니다.

임진왜란 때 북으로 피난 갔던 선조가 한양으로 돌아와 전쟁 직전에 급하게 가매장한 공회빈 윤씨의 시신을 찾으려 했습니다. 임시 매장 장소로 추정되는 곳에서 뼈 두 점을 확인하자, 의관과 의녀를 보내 뼈의 상태를 검안하도록 했습니다.

> "골절이 작고 가는 것으로 미루어 사람 뼈가 아닌 것 같습니다. 골절이 썩고, 부서진 정도로 보아 훨씬 옛날의 뼈인 것 같습니다."
>
> ◦ 『선조실록』 64권, 1595년(선조 28년) 6월 2일.

그러나 의녀는 노비 출신이라는 신분적 한계 때문에 공무원으로 일했지만 끝내 사회적 지위를 얻지 못한 비운의 직업군이었습니다.

공무원의 미래는 어떻게 될까

2020년부터 계속된 코로나19는 사회 거의 모든 분야에 근본적인 변화를 가져오고 있습니다. 공무원 사회도 마찬가지입니다. 예전에는 상상하기 어려웠던 비대면 업무 처리와 재택근무를 일상적으로 받아들인 것이 한 예입니다. 포스트 코로나 시대가 될 미래 사회에는 지금보다 더 빠르고 과감하게 모든 분야가 변화할 것입니다. 공무원도 거대한 흐름에서 자유로울 수 없습니다.

미래 사회의 공무원 역할을 예측하기 위해서는 현대 사회에서 공무원이 어떻게 변해왔는지를 먼저 알아볼 필요가 있습니다. 1980년대 중반까지 국가 주도 발전 체제에서 중앙정부 공무원들은 핵심 역할을 수행해왔습니다. 그러나 1980년대 후반부터 우리 사회에 불어온 민주화 바람은 그때까지 굳건했던 공무원 제도에 견제와 변화를 가져왔습니다. 특히 1990년대 중반 본격적으로 시작된 지방자치제도는 중앙 공무원 중심의 행정 체제를 약화시키고, 행정에 대한 정치적 통제를 강화시켰다는 평가를 받습니다.

이후 여러 정부를 거치면서 정부가 예전처럼 강력한 핵심 역할을 하기보다 기업, 즉 시장이 중심이 된 개혁 정책이 추진되었습니다. 거의 모든 정부에서 성과와 경쟁이 강조되고, 시장의 자율과 규제 완화를 핵심 가치로 생각한 것입니다. 이러한 이념과 가치는 공무원 사회에는 새로운 도전이었습니다.

현재 공무원 제도에 가장 큰 영향력을 미치는 것은 정치와 시장이라고 말할 수 있습니다. 국회를 중심으로 한 정치와 기업으로 대표되는 시장은 공직의 안정성이라는 전통적 가치를 지닌 공무원 제도에 커다란 영향을 미치고 있습니다.

먼저 국민의 선택으로 민주적 정당성을 부여받은 국회의 권한이 점점 강력해지고 있습니다. 이제는 권력의 균형추가 정부에서 국회로 완전히 넘어갔다는 공무원들의 자체 평가가 많습니다. 법률을 제정하는 국회의 동의 없이는 어떠한 정책도 추진하기 어려워졌고, 과거와 같이 정부가 야심차게 추진한다고 하더라도 국회를 설득하는 데 실패해 중도 포기하는 정책도 발생하고 있습니다. 자연스레 정책을 주도적으로 추진하는 공무원의 권한이 예전보다 줄어들 수밖에 없게 되었습니다.

국회를 상대로 한 업무는 점점 중요해지는데, 국가 균형 발전을 위해서 추진된 세종시 이전도 공무원 사회에 불편함을 더하고 있습니다. 물론 세종시 자체의 삶의 만족도는 높은 것으로 알려져 있습니다. 2020년 통계청의 '주관적 만족감' 조사에서도 세종시는 전국 17개 광역시·도 중 최고를 기록하기도 했습니다. 그러나 세종시에서 서울에 있는 국회를 오가는 데 서너 시간이 훌쩍 넘어버리니 길에서 느끼는 피로감과 업무 몰입도는 확실히 예전보다 못한 실정이라고 말합니다.

2016~2018년 3년 동안 세종청사 공무원의 관외출장비는 917억 원, 출장 횟수는 86만 9255회로 조사된 적이 있습니다. 매년 29만여 명이 외부 출장을 가고, 주말과 공휴일을 제외하면 매일 1160명 정도가 출장 중이라는 결과가 나옵니다. 현재 세종청사 근무자가 1만 2천여 명이라고 하니 매일 10퍼센트 정도가 출장 중이어서 상당한 규모임을 알 수 있습니다. 이러다 보니 퇴근 후에도 제대로 된 휴식을 챙기기도 어려워지게 마련입니다.

> "과장님 어디세요?" "KTX 타고 서울 가는 중이야."
> "여보 어디에요?" "국회에서 일 보고 세종으로 내려가고 있어." 세종특별자치시(아래 세종시) 정부청사에 근무하는 공무원이 부하 직원이나 부인과 나누는 말들이다. 세종시 청사에 흔한 '길과장', '길국장'이 경험하는 상황이다. 이 단어들은 세종시와 서울을 오가며 길에서 업무를 보는 공무원들을 지칭한다.
>
> ○「출장비만 하루 7000만 원 … '길과장' '길국장' 아시나요」, 『중앙일보』, 2018년 6월 18일.

게다가 국민의 삶을 바로 체험할 수 있는 현장과 동떨어져 공무원들끼리만 모여 사는 세종시의 근무 환경은 외부와의 단절을 초래하는 '갈라파고스 섬'처럼 되어간다는 이야기마저 나오고 있습니다.

> 특히 세종시로 이사온 이후 관료 사회의 무기력증은 빠른 속도로 깊어지고 있다. 세종청사에 입주한 지 5년째. '육지의 섬' 같은 세종시에서 '갈라파고스화化' 한 채 머물다 보니 관료들의 눈과 귀가 가려져 시대 흐름을 따라잡지 못한다는 우려다. 서울과 세종 간 거리만큼 관료 개개인의 네트워크가 약해지고, 현실 파악 능력이 떨어지는 문제점이 부각되고 있다는 것이다.
>
> ◦ 「세상과 멀어지는 '갈라파고스 관료들'」, 『조선일보』, 2016년 8월 2일.

또한 대기업을 중심으로 한 민간의 힘이 점차 강해지면서 공무원 사회의 권한은 약해지고 있습니다. 특히 과거 경제 개발 시대에 주도적으로 활약했던 경제 관료들의 역할이 줄어들고 있습니다. 이제 경제 활동의 중심은 민간이고, 정부는 민간 경제 활동을 지원하고 민간이 수행하기 어려운 사회적 약자와 저소득층을 보호하는 사회 안전망 기능을 하는 역할로 바뀌었습니다. 이미 2005년에 당시 노무현 대통령이 '권력은 시장으로 넘어갔다'고 선언하기도 했습니다.

이런 생각은 공무원들도 크게 다르지 않습니다. 2015년 중앙공무원교육원에서 연수 중이던 5급 공채시험 합격생들을 대상으로 한 '신임 공무원의 가치관 및 의식조사 보고서'에서 예비 사무관들은 우리 사회에 경제적 양극화와 기회 불평등이 만연(91.5퍼센트)해 있으며, 돈이 사회를 가장 크게 지배(82.9퍼센트)하고 있다고 인식하는 것으로 조사되었습니다.

> 기획재정부 등 7개 경제부처 과장(서기관)급 이상 100명을 상대로 실시한 설문조사 결과, '정년퇴임 전 민간으로 이직할 기회가 주어진다면 이직할 생각이 있는가'라는 질문에 72명(73.5퍼센트)은 '조건에 따라 이직할 생각이 있다'고 답했다. '무조건 이직하고 싶다'는 응답은 11명(11.2퍼센트)명이었다. … 경제부처 과장들이 민간 이직을 고민해보는 이유는 크게 '낮은 급여'(33.3퍼센트)와 미래에 대한 불확실성(27.2퍼센트), 사기 저하(27.2퍼센트) 등 세 가지였다. 갈수록 벌어지는 민간 기업과의 임금 격차가 이직을 고민하는 주된 원인 중 하나였다는 것이다.
>
> ○「경제부처 과장 100명 중 85명 '민간으로 이직할 생각 있다」, 『조선비즈』, 2020년 2월 20일.

물론 과거의 국가가 주도하는 개발 시대가 지나고 민간 중심의 경제 시대로 바뀌는 건 사회 흐름상 자연스러운 현상입니다. 그러나 국가 정책을 만들고 집행하는 공무원의 역할마저 완전히 부정하기는 어려울 것입니다. 소득 양극화 등으로 불가피하게 발생하는 사회적 약자를 지원하고, 공정한 시장 경쟁이 이루어지도록 사회적 기반을 만들고, 도로 철도 항만 등 경제 발전을 위한 인프라를 구축하는

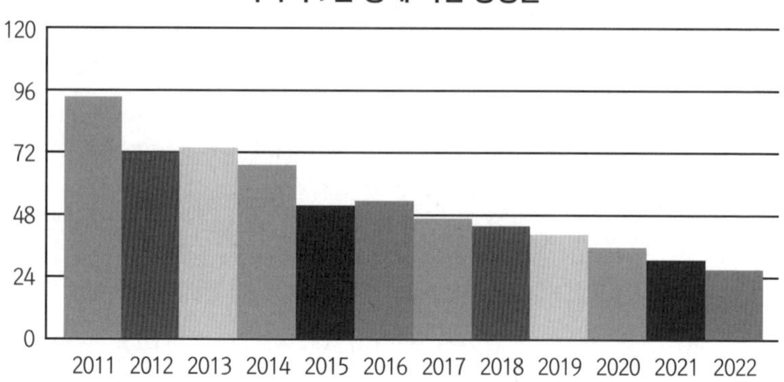

일 등은 여전히 정부가 해야 할 몫입니다.

그렇다면 이런 시대적인 변화 속에서 공무원 사회는 앞으로 어떻게 변할까요? 우선 공무원 시험의 인기가 예전 같지 않을 것입니다. 2022년 공무원 시험 경쟁률은 29.2 대 1로 역대 최저를 기록해 큰 화제가 되었습니다. 사실 공무원 시험 경쟁률은 이미 꾸준히 하락세였습니다. 9급 국가직 공채시험의 경우 2011년 93 대 1로 최고를 기록한 이후, 선발 인원의 변화 때문에 약간의 변동은 발생하지만 경쟁률은 계속 떨어지는 추세를 보이고 있습니다.

앞으로의 공무원 시험 경쟁률도 결국엔 지금보다 더 하락할 수밖에 없습니다. 물론 낮은 임금과 경직된 조직 문화 등으로 공무원의 인기가 예전만 못한 것도 있지만, 근본적인 원인은 저출산으로 인한 청년층 인구 감소와 관련되어 있습니다. 공무원 시험에 도전하는 주된 연령층인 20대 인구가 급격하게 줄고 있는 것입니다.

공무원 시험 경쟁률이 최고였던 2011년에 20대 후반이었던 1982년 출생 인구는 86만 명이었습니다. 현재 취업 중이거나 취업 전선의 막바지에 있는 1992년 출생 인구는 74만 명입니다. 그런데 10년 후인 2002년 출생자 수는 49만 명이며, 15년이 지난 2017년에는 35만 명에 불과합니다. 이들이 취업 시장에 뛰어들 때가 되면 사회 모든 분야에서 일할 수 있는 젊은 인구가 부족해질 것입니다. 자연스레 공무원에 대한 관심도 지금보다 낮아질 가능성이 높습니다.

또한 정부 부채 급증이나 국가 부도와 같은 경제 위기가 발생하지 않더라도 앞으로는 정부 재정 부담으로 공무원의 숫자가 쉽게 더 늘어나기는 힘든 상황으로 가고 있습니다. 국가공무원의 인건비 예산은 2022년 41조 3000억 원 수준이라고 합니다. 2017년에 33조 4000억 원이었으니, 5년 만에 23.6퍼센트가 늘어났습니다. 특정한 이념적 지향점의 차이가 아니라 중앙정부나 지자체의 재정 상황이 공무원의 규모와 보수에 영향을 미칠 수 있는 시대가 오고 있는 것입니다.

실제 2021년 행정안전부 조사에 따르면 전국 243개 지자체 중에서 자체 수입으로 인건비조차 해결하지 못하는 지역이 63곳(25.9퍼센트)이나 되는 것으로 나타났습니다. 그리고 지자체의 재정자립도는 2019년 51.4퍼센트에서 2021년 48.7퍼센트로 계속 떨어지고 있는 게 현실입니다.

당장은 아니더라도 공무원의 숫자를 줄이는 일도 발생할 수 있습니다. 대표적인 사례가 일본과 프랑스입니다. 두 나라는 공공 부문의 비효율성을 최소화한다는 명목으로 공무원 감축에 나섰습니다. 일본은 국가공무원 수를 2000년 113만 명에서 2021년 59만 명으로 절반 정도 줄였습니다. 물론 감축 인원의 80퍼센트가 우정사업 민영화와 국립대학 법인화를 통한 것이었지만, 공무원 숫자가 줄어드는 경향인 것은 분명합니다. 프랑스도 2019년에 2022년까지 총 12만 명의 공무원을 줄이겠다는 계획을 발표했습니다. 우리나라도 2022년 7월 국가공무원 정원을 동결하고 매년 부처별 정원의 1퍼센트를 줄이겠다는 계획을 발표하기도 했습니다.

이제 공무원들의 직업적 안정성도 과거보다 약해진 상황입니다. 성과급에 따라 보수의 차이가 커지고 있으며, 경쟁과 평가가 일상화되고 있습니다. 그에 따라 공무원 생활의 만족도도 떨어지는 상황입니다. 2020년 경제부처 과장급 100명을 대상으로 한 조사에서도 공무원 생활에 만족한다는 비율(23.4퍼센트)이 5년 전인 2015년(39퍼센트)보다 크게 떨어진 결과가 나오기도 했습니다.

그렇다면 미래의 공무원 사회는 어떤 모습일까요? 미래 시대의 인공지능AI과 빅데이터 등 정보통신 기술 분야의 발전은 기존 행정 조직과 기능, 일하는 방식에 근본적인 변화를 가져올 것입니다. 아무래도 정책적 판단이 필요한 업무보다 반복적이고 규칙적인 관리 업무, 자료 수집이나 단순 분석에 가까운 업무가 더 큰 영향을 받을 수밖에 없습니다.

구체적인 분야별로 보면 민원과 상담 업무, 사서와 기록 관리 등 반복적인 업무, 예산 및 회계 등 숫자에 기초한 업무, 자료 수집과 조사 분석 업무는 불가피하게 직접적인 영향을 받을 것입니다. 빅데이터를 기반으로 생애 주기별 복지 서비스를 제공하는 복지 분야의 인력 수요도 상당한 영향을 받을 것입니다. 범죄와 재난을 사전에 예측하고 방지하는 시스템이 발전하면 경찰과 소방 인력의 규모도 줄어들 수 있습니다. 개인별 맞춤형 교육 시스템이 보편화되고 학령인구가 줄어드는 상황에서 교사도 현재보다 줄어들 가능성이 큽니다.

학생 수 감소로 인한 영향은 이미 현실화되고 있습니다. 2023년도 서울 지역 초등교사 합격자는 114명이었습니다. 불과 4년 전인 2019년도 합격자 368명보다 무려 69.0퍼센트 급감한 수치였고, 2022년도 216명보다는 절반 가까이 줄어든 것입니다.

2019년 9월 행정안전부는 '미래 신기술 도입에 따른 정부 인력 운용 방안' 보고서에서, 미래 신기술 도입에 따른 자동화로 중앙부처 공무원의 24.8퍼센트가 대체 가능할 것으로 분석했습니다. 외교부(38.2퍼센트)가 가장 높았고, 법무부(37.3퍼센트), 통일부(31.1퍼센트), 문화체육관광부(30.9퍼센트) 순서였습니다. 반면에 중소벤처기업부(18.3퍼센트)와 국방부(20.3퍼센트)가 대체율이 가장 낮았습니다. 외교부는 통역, 번역 등의 업무 인력이 많아 인력 대체율이 높게 나타난 것으로 보입니다.

업무별로는 서무, 민원과 회계 분야가 반복적인 집행 업무로 대체율이 가장 높았으며, 정책 및 제도 기획 관리와 법률안 재개정 관리 분야가 대체하기 어려운 업무라는 결과가 나왔습니다. 직급별로는 6급과 7급, 계약직의 대체율이 높았으며, 주로 기획 관리 기능을 맡는 4급과 5급이 가장 대체하기 어렵다고 분석했습니다.

과거의 국가가 주도하는 경제 발전 시대에는 공무원의 양적 확대가 직능의 세분화와 전문화로 연결되었고, 공무원도 개별 분야에 고도의 지식과 전문성을 갖출 필요가 커졌습니다. 미래에 과학기술이 빠르게 발전하고 사회의 여러 분야에서 전문가가 크게 활약하는 새로운 시대에는 이에 부합하는 공무원이 필요합니다. 이를 위해 개인 차원에서는 미래 지향적인 역량을 강화해야 하며, 조직 측면에서는 공직 문화의 체질 개선도 필요합니다. 이러한 최근 공공 서비스의 변화와 발전에 따라 공무원의 위상과 역할도 새롭게 정립할 필요성이 커지고 있습니다.

2.

공무원으로 가는 길

시대를 불문한 인기 직업

| 「9급 공무원 경쟁률 29.2 대 1로 '뚝' … 30년 만에 최저」

○ 『동아일보』, 2022년 4월 3일.

2022년도 공무원 시험 경쟁률이 예년에 비해 큰 폭으로 떨어져 화제가 되었습니다. 2022년 9급 공무원 시험 경쟁률은 29.2 대 1이었는데, 2016년 53.8 대 1, 2011년 93 대 1보다 크게 감소했습니다. 30 대 1 이하로 떨어진 것도 1992년 이후 30년 만이라고 합니다. 7급 공무원 시험 경쟁률은 2022년 42.7 대 1이었는데, 1979년 이후 가장 낮은 수치를 나타냈습니다.

| 「9급 이어 7급 공무원 경쟁률도 하락 … 공무원 인기 시들해졌

나」 ○『경향신문』, 2022년 6월 8일.

그러자 공무원의 인기가 떨어져 더 이상 매력 있는 직업이 아니게 되었다는 분석이 나오기 시작했습니다. 젊은 계층의 직장 선호도에서도 비록 작은 차이기는 하지만, 공무원이 2006년 이후 처음으로 1위에서 내려왔습니다. 2021년 11월 통계청에서 실시한 '2021년 사회조사 결과'에 따르면 만 13~34세가 가장 근무하고 싶은 직장은 대기업(21.6퍼센트)이었습니다. 그리고 공기업(21.5퍼센트)에 이어 국가기관이 21퍼센트로 3위를 기록했습니다.

이렇게 공무원에 대한 관심도가 떨어지게 된 이유는 주된 응시 연령층인 2030 세대 인구가 감소했고, 코로나19가 확산되면서 당장의 합격을 노리기보다 경험 삼아 응시하는 지원자 수가 줄어들었고, 시험 과목 변경과 공무원연금 제도 개편 등이 복합적인 영향을 미친 것으로 분석되고 있습니다.

그러나 전문 직업군으로 분류되는 감정평가사·노무사·세무사 시험에는 2022년 역대 최다 지원자가 도전했습니다. 회계사·법무사·변리사 시험에도 최근 5년 이내 가장 많은 사람이 지원했습니다. 또한 법학전문대학원(로스쿨) 입학을 위한 법학적성시험LEET 응시자도 역대 최다 인원이 응시한 것을 보면, 공무원에 큰 매력을 느꼈던 젊은 층의 관심이 많이 바뀐 것도 영향을 준 것으로 보입니다. 여기에는 최근 유튜브YouTube 등 여러 정보 매체의 발달로 공무원의 낮은 보수, 상대적으로 열악한 근무 환경, 보수적인 조직 문화와 같은 민낯을 자연스럽게 알게 된 것도 한몫했다고 할 수 있습니다.

그렇다면 우리나라와 비슷한 공무원 시험 제도를 운영하는 중국과 일본에서 공무원의 인기는 어떨까요?

먼저 중국에서는 공무원 응시자가 매년 크게 증가하고 있습니다. 1994년 공개 채용을 처음 도입했는데, 시험 초기에는 친분 관계를 통한 사적 채용이 여전히 많아 지원자가 많지 않았습니다. 이후 2000년대 들어서 채용 과정의 투명성을 강화하면서 지원자가 본격적으로 늘어났다고 합니다.

중국은 매년 11월 네 번째 일요일에 국가공무원 시험인 궈카오國考를 실시해 중앙정부와 정부 직속 기관의 신규 공무원을 선발합니다. 개별 기관에서 필요 인원을 인력자원부에 제출하면 이를 취합해 공고합니다. 수험생들은 희망하는 직위에 원서를 낸 후 시험 자격이 있다는 통보를 받으면 시험에 응시할 수 있습니다. 2021년 시험 응시자는 212만 3000명으로 전년에 비해 무려 35퍼센트 늘어났고, 평균 경쟁률은 68 대 1을 기록했습니다.

사실 몇 년 전만 해도 중국에서 공무원은 안정적이지만 따분하고 임금이 낮은 직업이라는 인식이 강했습니다. 그러나 최근 코로나19 등으로 민간 부문의 고용 불확실성이 커지고, 성장률 둔화로 청년 실업률이 증가하자 의료보험과 양로보험 등 여러 복지 혜택이 제공되는 공무원의 인기가 꾸준한 상승세라고 합니다. 또한 첨단 기업을 중심으로 초고강도 노동을 뜻하는 '9-9-6(오전 9시부터 오후 9시까지 주 6일 노동)' 논란이 일어난 것도 공무원 선호 현상을 부채질했다고 합니다. 공무원을 희망하는 청년층이 늘면서 공무원 시험에 대비하는 학원도 새롭게 떠오르는 성장 산업으로 각광받고 있습니다.

반면에 일본에서는 공무원의 인기가 확실히 예전만 못하다고 합니다. 우리나라 5급 공개경쟁 채용과 비슷한 종합직 시험 지원자는 2012년 2만 5110명에서 2021년 1만 7411명으로 10년 만에 30퍼센트 넘게 감소했고, 평균 경쟁률도 약 5분의 1 수준으로 낮아졌습니다. 홋카이도 지역에서는 지방공무원 시험 합격자 중 60퍼센트 이상이 임용을 포기해, 채용 예정 인원의 3배수를 합격시키기도 했습니다.

이처럼 일본에서 공무원의 인기가 시들한 이유로 월 80시간이 넘는 과도한 초과근무와 무차별 자리 이동, 상명하복 등 열악한 근무 환경을 꼽습니다. 또 상대적으로 낮은 임금과 폐쇄적이고 강압적인 조직 문화로 민간 기업에 비해 매력이 떨어지고 있다는 점도 빼놓을 수 없습니다. 게다가 젊은이들은 공무원 시험 준비가 복잡하고 어려울 뿐만 아니라 출신 대학에 따른 차별이 여전히 존재한다는 의심도 합니다.

공무원에 대한 관심이 떨어지자 위기감을 느낀 일본 공직 사회는 다양한 노력을 하고 있습니다. 현직 공무원들이 졸업한 학교를 찾아가 직접 조직을 홍보하기도 하고, 잔업 시간 상한을 폐시해 실질 급여를 올리기도 했습니다. 그리고 2023년부터는 공무원 선발 일정을 지금보다 앞당기기로 했습니다. 공무원과 민간 기업을 동시에 준비하다가 기업에서 합격 통보를 받으면 공무원 시험을 중도에 포기하는 사례가 늘어나자 내놓은 대책이라고 합니다.

2022년 6월 말 기준으로 대한민국 공무원의 전체 규모는 116만여 명입니다. 이 중 국가직이 75만여 명인데, 교원이 36만 명으로 가장 많고, 그 다음으로 경찰이 14만 명입니다. 우리나라 공무원의 숫자가 적정한 규모인지는 논란이 있지만, 공무원을 희망하는 젊은이는 여전히 많습니다.

취업 포털 잡코리아가 2022년 2월 대학생 1112명을 대상으로 한 조사에서는 전체 응답자 중 29.6퍼센트가 현재 공무원 시험을 준비하고 있다고 했습니다. 또 44.3퍼센트는 앞으로 시험을 준비할 의향이 있다고 답했습니다. 불과 26.1퍼센트만이 공무원 시험에 관심이 없다고 답변한 것입니다.

사회 진출을 앞둔 젊은이들이 공무원을 희망하는 이유는 '정년까지 안정적으로 일하고 싶다'는 의견(67.0퍼센트)이 가장 많았습니다. 그리고 '코로나19 발생 이후 경기 침체로 취업하기 더 힘들어져서'(51.5퍼센트)와 '노후에 연금을 받을 수 있기 때문'(40.5퍼센트)이라는 답변이 '적성에 맞는다고 생각해서'(33.7퍼센트)보다 훨씬 높게 나타났습니다. 결과적으로 개인 적성보다 고용 안정성이 젊은이들을 공무원 시험에 뛰어들게 하는 가장 큰 이유라고 볼 수 있습니다.

공무원의 안정성과 장래성은 현직 공무원들도 인정하는 부분입니다. 2017~2022년 한국행정연구원이 현직 공무원 4339명을 대상으로 한 공직 실태 조사에 따르면, 안정성과 장래성에 만족한다는 답변이 50퍼센트가 넘었습니다. 그래서인지 공무원 시험 준비생들

중에는 현재 직장인이 절반을 차지한다는 조사도 있었습니다.

반면에 이제 공무원은 더 이상 매력적인 직업이 아니라는 의견도 많습니다. 2022년 5월 한국경영자총협회가 직장을 찾고 있는 20~30대를 대상으로 조사한 결과에 따르면, 그들은 '일과 삶의 균형'이 맞춰지고 '수도권'에 있으며 '연봉 3000만 원대'를 받을 수 있는 일자리를 가장 선호하는 것으로 나타났습니다. 공무원은 이들의 바람과 동떨어진 면이 있습니다.

우리 사회는 이미 2000년대에 들어서면서 성공과 출세보다 일과 생활의 균형을 사회적으로 주목하기 시작했습니다. 2007년 삼성경제연구소에서 낸 「경영의 새 화두: 일과 생활의 균형」 보고서에는 국내 대기업 직원을 대상으로 실시한 '직장 생활에서 무엇이 가장 중요한가?'라는 설문 조사 결과를 실었습니다. 설문에 참여한 직장인들은 급여 수준, 고용 안정성, 승진보다 '일과 생활의 균형'이 직장 생활에서 가장 중요하다고 꼽았습니다. 그 당시에도 직장인들은 '워라밸work-life balance'을 가장 중요한 가치로 삼았음을 알 수 있습니다.

그렇다면 과거에는 지금과 달리 공무원이 되기 쉬웠을까요? 시대가 변하면서 선호도에 차이는 있지만, 예전에도 공무원이 되는 게 결코 쉽지 않았습니다. 1950년대에는 6·25전쟁과 같은 사회적 격변기를 거치면서 안정적인 공무원이 최고 유망 직종이었고, 인기 있는 배우자감으로 여겨졌습니다. 1차 산업과 경공업 중심이던 1960년대에도 공무원은 은행원, 회사원 등과 함께 인기 직종으로 손꼽혔습니다. 격동의 시기에 보다 안정적인 직업을 원하는 사람들의 심리가 반영된 것으로 보입니다. 『경향신문』 1960년 12월 15일 기사 「벽찬 '학사 공무원'에의 길」은 서울시에서만 공무원 시험에 벌써 4000명이 지원했다면서 그 뜨거운 열기를 보도하기도 했습니다. 1962년 현재 9급에 해당하는 5급 공무원 시험에는 5만 1917명이 몰렸으며, 1963년에는 총 3만 2500명이 도전해 1200명이 합격했습니다.

1970년대에는 기업 활동이 활발해지면서 대기업 종합상사 직원이 높은 월급 등을 이유로 큰 관심을 받았습니다. 1980년대에는 대졸 이상 고학력자 수가 증가함에 따라 공무원에 관심을 가지는 청년층도 늘어나게 되었습니다. 당시 대졸 이상 고학력자는 15만 명이었던 반면, 민간 기업에서 필요로 하는 대졸 인력은 5만 명에 불과했습니다. 결과적으로 취업이 어려운 민간 기업 대신 공무원을 선택하는 구직자들이 늘어났습니다.

> '아침 6시부터 밤 11시까지 자습실의 자그마한 책상에 앉아 코피 쏟으며 열중했던 자만이 합격할 수 있다.' 20대 후반의 젊은 이들이 이 학원을 드나들 때 쉽게 볼 수 있는 곳에 붙여놓은 글귀다. 이들은 7급, 9급 공무원이 되기 위해 이곳을 수없이 드나들어야 한다. 공무원 시험에 한두 번 떨어지는 것은 예사. 보통 1년은 매달려야 되고 그것도 운이 좋아야 합격한다.
>
> ◦『경향신문』, 1986년 11월 11일.

1990년대 후반에 닥친 IMF 외환위기는 본격적으로 공무원 열풍을 불러왔습니다. 많은 기업에서 대량 실직과 정리 해고 사태가 발생하고 신규 직원 선발 규모를 줄이자, 취업 준비생들은 급여 수준보다 고용 안정성을 직업 선택의 우선 기준으로 삼았습니다. 공무원의 봉급이 다른 업종에 비해 높지 않지만, 여러 복지와 연금 혜택이 있고 60세까지 정년을 보장하는 점이 커다란 매력으로 작용한 것입니다.

IMF 외환위기 발생 직후인 1998년 2월 한국직업능력개발원이 실시한 직업의식 조사에서 15.2퍼센트의 응답자들이 교사를 가장 이상적인 직업으로 꼽았고, 공무원(10.9퍼센트)이 다음 순서였습니다. 반면에 꾸준히 상위권이었던 금융기관 종사자는 고용이 불안정해지면서 18위로 내려앉았다고 합니다.

> 망하지 않을 것 같던 대기업, 은행 등이 잇따라 무너지면서 '공무원이 최고'라는 인식이 퍼지기 시작한 것도 이때다. 정부도 실업 해소를 위해 공무원 채용을 늘렸다. 1999년 국가공무원 채용 인원은 1만 2790명으로 전년(1만 1349명)보다 12.7퍼센트 늘었다. … 그해 학원 밀집 지역인 서울 노량진은 밀려드는 사람들로 미어터지는 게 눈에 보일 정도였다. 고교 졸업생이 주로 응시한다는 인식이 강했던 9급 공무원 시험에도 대졸자가 대거 몰렸다.
>
> ◦ 「91~94학번이 말하는 'IMF 시절' 취업 전선」, 『한국경제』, 2017년 10월 11일.

시간을 더 거슬러 가보면 일제강점기에는 경찰 순사 시험이 특히 인기가 많았습니다. 1919년에 일어난 3·1운동 직후인 1922년에는 약 2.1 대 1에 불과했지만, 1920년대 중반부터는 경쟁률이 10 대 1을 넘었습니다. 1926년 순사 시험은 856명 모집에 9193명이 지원해 10.7 대 1의 경쟁률을 보였으며, 1932년에는 854명 선발에 1만 6193명이 지원해 경쟁률이 19 대 1을 기록하기도 했습니다.

일본의 강압적 식민 지배에 앞장서는 역할을 했던 순사는 조선인 사회에서 좋지 못한 평가를 받았지만, 법률로 보장된 권한 때문에 해마다 많은 수험생이 몰렸다고 합니다. 지원자들은 지금의 초등학교에 해당하는 보통학교 졸업자가 대다수(80퍼센트)를 차지했습니다. 경찰 순사 시험에 대비하는 예상 출제 문제집이 발간되기도 했고, 문제집을 홍보하는 신문 광고까지 실렸습니다.

> 「신간 소개 … 순사 등 채용 시험 희망자를 위한 '조선총독부 관리 채용 제 법규'」
>
> ○『동아일보』, 1922년 1월 19일.

심지어 순사 시험에 연이어 낙방하자 면 서기 모집에 혈서로 된 지원서를 낸 사람까지 있었습니다.

> 면서기 채용 시험을 시행하고자, 희망자의 지원서를 수리하던 중 의외로 붉은 피로 쓴 지원서 한 장이 있었다. 그 이유를 물어 본 결과 그는 전에 순사 채용 시험에서 두 번이나 낙제를 해 이

번 시험에서는 반드시 합격할 것을 맹세하기 위해 이같이 한 것이라 한다.

○ 『동아일보』, 1934년 3월 4일.

순사의 인기에는 미치지 못했지만, 희망이 보이지 않는 암울한 식민지 상황에서 그나마 안정적인 공무원을 희망하는 학생이 꽤 많았습니다.

가끔 학생들을 만나서 '너는 앞으로 장차 무엇이 되려고 하니?'라고 물으면 대답은 보통 '모르겠어요'다. 그나마 대답을 한다고 하면, '글쎄요, 공무원 시험이나 볼까 해요. 변호사가 되었으면 좋겠지만, 영 쉽지 않아요'….

○ 『청춘』, 1915년 3월호.

1934년 발표된 채만식의 소설 『레디메이드 인생』에도 공무원 시험을 준비하는 얘기가 나옵니다. 소설의 주인공 P는 학교를 마쳤지만 하숙비도 밀린 채 '취직 운동' 중입니다. 그와 같이 하숙하는 사람이자 조선총독부 채용 시험을 준비하던 H에게 시험 결과를 묻자, H는 "인자는 방에 꼭 들어앉아 공부나 해가지고 변호사 시험이나 치겠소"라고 대답합니다.

조선 시대에도 지금의 공무원에 해당하는 관료가 되고 싶은 사람이 많았습니다. 당시 양반이 진출할 수 있는 직업은 사실상 과거 시험을 통한 관료의 길뿐이었기 때문에 그 경쟁은 더 치열했습니다.

그러나 관직의 숫자는 항상 부족해서 관료가 되기 위한 치열한 경쟁이 발생했습니다.

> 오씨 문중에서 현조·고조 이하로 등과한 일이 없었는데, 이번에 내 아들이 처음으로 급제한 것이다. 이제부터는 계속 다시 번창할 희망이 있으니 한 문중의 경사를 어찌 말로 다 표현하리오. 기쁘고 기쁘기 그지없도다. 하늘에 계신 아버님의 영혼이 어두운 가운데서도 반드시 기뻐하실 것이니, 슬픈 마음 역시 지극하다.
>
> ○ 오희문, 『쇄미록(瑣尾錄)』(1597년).

어려운 과거 시험에 급제하는 것은 개인의 영광일 뿐만 아니라 가문에도 커다란 경사였습니다. 개인에게는 사회적 출세를 의미하고, 가문에는 사회적 지위 유지와 번창을 뜻했습니다.

> 내가 과거에 응시하기는 했으나 처음에는 붙고 떨어지는 데 연연하지 않았다. 스물네 살 때 연달아 세 차례나 떨어지고도 낙담하지 않았다. 하루는 집에 있는데 갑자기 어떤 사람이 와서 '이 서방'이라고 불렀다. 나를 부르는 것이라고 여기고 천천히 누군지 살펴보니 늙은 하인을 부르는 소리였다. 이에 탄식하여 '내가 아직 과거에 급제하지 못해서 이런 욕을 당하는 구나' 하고 잠깐 사이에 합격에 관심을 갖게 되었다. 과거 시험이 사람을 동요하게 하는 것은 매우 두려워할 만하니, 그대들은 경

계하라. ○ 권두경·이수연, 『퇴계선생언행록(退溪先生言行錄)』 —

퇴계 이황은 제자들에게 과거 합격을 위한 공부를 하지 말아야 하며 시험 결과에 연연하지 말고 수양에 전념하라고 가르쳤습니다. 이런 퇴계조차도 정작 조카 영과 손자 안도의 과거 시험 합격 소식에는 "안동에서 보내온 과거 시험 합격자 명단을 보고 너희들이 합격했음을 알게 되었다. 요행임을 알면서도 너무나 기뻐서 어찌할 바를 몰랐다"며 뛸 듯이 좋아했다는 기록도 남아 있습니다.

심지어 그는 아들이 과거 시험을 준비할 때 출제 범위가 변경된 것을 알려주는 등 시험 정보에 관한 편지를 여러 차례 보내 적극적으로 도와주었다고 합니다.

| 너의 학업은 부진하고 때때로 법은 더욱 어려워지니 어찌하랴? 다행인 것은 진사시에는 '율부'가 채용되지 않고, '고문선'도 외우고 풀이하는 시험을 보지 않으니 이것은 조금 기쁠 뿐이다.

—

조선 시대 과거에는 문과, 무과, 잡과가 있었습니다. 문과에는 예비시험 성격의 소과가 포함되었고, 소과는 생원시와 진사시로 나뉩니다. 과거 시험은 문과뿐 아니라 소과 초시도 최소 수십 대 1의 관문이었고, 복시도 7 대 1의 경쟁을 통과해야만 했습니다.

조선 중기가 되자 양반 숫자가 늘어나면서 과거 응시자는 폭발적으로 증가했습니다. 1800년(정조 24년) 3월 21일 정시 초시에 응시한 사람은 11만 1838명이었고 제출된 답안지는 3만 8614장이었으며, 무과 응시자도 3만 5891명이나 되었습니다. 다음날 3월 22일 인일제의 응시자는 10만 3579명, 답안지는 3만 2884장이었습니다. 당시 한양 인구가 20만~30만 명 사이였다고 하니 서울 인구의 거의 절반에 가까운 숫자가 과거를 응시한 셈입니다.

과거 시험 기간에 서울은 대혼란이 일어났을 것으로 보입니다. 숙소와 음식점은 수험생들로 넘쳐났을 것이고, 시험지로 쓰이는 종이는 평소보다 훨씬 비싼 돈을 주고도 구하기 힘들었다고 합니다.

이전 임금인 영조 때도 엄청난 인원이 시험에 참여한 기록이 남아 있습니다.

> 임금이 시험에 나아간 유생을 바라보고 말하기를, "굉장하다. 몇 사람인가?" 하니, 승지가 대답하기를 "문에 들어온 자가 1만 6000명입니다"라고 했다. 이때 과거 시험을 자주 실시해서 요행히 급제하기를 바라는 자가 많았다. 이리하여 서울과 시골에서 무릅쓰고 응시하는 자가 해마다 더욱 늘어나 시험지를 거둔 것이 때로 1만 7000~1만 8000에 이르기도 했다. … 합격자 10명을 그날 바로 발표했다.
>
> ◦ 『영조실록』 49권, 1739년(영조 15년) 3월 19일.

조선 시대에는 이미 예정된 일정이라도 중국 사신이 방문하거나 왕실에 초상이나 중병 환자가 생기면 과거 시험 날짜를 갑자기 변경하는 일이 자주 발생했습니다. 이렇게 되자 시험 응시를 위해 이미 서울에 도착한 수험생들은 체류 기간이 길어지면서 많은 곤란을 겪었습니다. 1617년(광해군 9년) 12월 3일 사간원은 "시험이 여러 번 연기되면서 먼 곳에서 온 선비들이 서울 어귀에서 오래 머물고 있으면서 시험 볼 날짜만을 고대하고 있습니다"라며 연기된 회시 시험을 실시하도록 건의하기도 했습니다.

많은 수험생이 시험장에 한꺼번에 몰리면서 안타까운 사고도 발생했습니다. 1686년(숙종 12년) 4월 3일 명륜당에서 열린 과거 시험장에 너무 많은 응시생이 몰리면서 먼저 들어가려고 자리를 다투다가 8명이나 깔려 죽는 사고가 발생했습니다. 실록에는 이날의 사고에 대해 "죽은 자들뿐 아니라 위독한 사람들도 매우 많아서 성균관 주변에서 울부짖는 소리가 그치지 않았다"고 기록하고 있습니다.

그렇지만 과거장에서의 인명 사고는 이후에도 또 발생했습니다.

> 임금이 과거를 보던 유생 두 사람이 시험장에서 밟혀 죽었다는 말을 듣고는, 특별히 오늘은 음악을 정지하고 그 아들이나 동생을 등용하라고 명했다.
>
> ○ 『영조실록』 121권, 1773년(영조 49년) 10월 22일.

상황이 이렇다 보니 연암 박지원은 아들에게 편지를 보내 "과거 시험 볼 날이 가까우니 정신을 모을 일이니, 맹랑한 짓은 않겠지? 시험에 붙고 안 붙고는 관계없는 일이다. 다만 시험장에 출입할 때 조심해 다치지 않도록 해야 할 것이다"라며 시험 합격보다 안전사고를 조심하라고 특별히 당부하기도 했습니다.

이렇듯 과거와 현재를 불문하고, 공무원은 우리나라에서 변함없이 꾸준한 관심을 받은 인기 직업이었습니다.

험난한 시험공부의 길

지금이나 예전이나 우리나라의 공부 열기는 언제나 뜨겁습니다. 이미 고구려 시대부터 엄청난 공부 열기를 자랑했습니다. 사립학교는 고구려 때부터 있었고, 당나라 역사책에도 소개되었습니다.

> 고구려 사람들은 서적을 좋아한다. 가난하거나 천한 집까지도 거리마다 큰 집을 지어 경당이라 이름하고, 자제들이 결혼하기 전까지 밤낮으로 독서하고 활쏘기를 익히게 한다.
>
> ○ 『구당서』, 「동이전」, 고려.

고려 때에도 민간에서 개인 교습소를 운영했다는 기록이 남아 있습니다.

백성들의 자제로 결혼하지 않은 자들이 무리지어 거처하며 스승에게서 경서를 배운다. 조금 장성해서는 벗을 택하여 각각 그 부류에 따라 절에서 공부한다. 아래로 군졸과 어린아이들에 이르기까지 고을의 선생에게서 글을 배운다.

○『선화봉사고려도경』, 「동문」, 유학.

서양인에게도 조선은 신기한 나라였습니다. 그들이 보기에 조선인들은 "생활에는 느리고 무관심해 보이지만 책은 아주 열심히 읽었다", "아이들은 열심이었고 모두 놀랄 정도로 달필이었다. 영어와 같은 다른 학문에도 많은 재능을 가지고 있었다"고 할 만큼 놀랄 정도로 공부에 진지했습니다.

17세기 제주도에 표류하여 왔다가 13년 만에 탈출한 네덜란드 선원 헨드릭 하멜도 마찬가지였습니다. 그는 유럽 최초의 한국 소개서 '하멜표류기'에서 "한국 아이들은 밤이고 낮이고 책상머리에 앉아 책을 읽었다"며 "아이들이 책을 이해하고 해석하는 것이 얼마나 뛰어나던지 경탄스럽다"고 쓰기도 했습니다.

서양인이 관찰한 선비의 공부법은 스스로를 이기기 위한 처절하고 독한 방법이었습니다.

선비들은 밤에 머리를 더는 가눌 수 없을 때까지 공부하면서, 방 천장 위의 기둥에 줄을 묶어 그 끝을 상투에 이어놓아, 머리

> 가 옆으로 쓰러져도 줄이 상투를 당겨 머리가 다시 곧추세워지게 한다.
>
> ㅇ 제이콥 로버트 무스, 문무홍 옮김, 『1900, 조선에 살다』, 푸른역사, 2008.

인사혁신처가 2015~2017년 임용된 국가직 공무원 1065명을 조사해보니 이들은 준비부터 합격까지 평균 2년 2개월이 걸렸다고 합니다. 그리고 취업 포털 인크루트는 2021년을 기준으로 공무원 시험 준비생의 월평균 생활비가 주거비와 식비, 학원비, 독서실비 등을 모두 포함해 180만 5000원이라는 결과를 내놓았습니다. 이를 토대로 계산해보면, 개인이 처한 상황에 따라 편차가 있겠지만 공무원 시험 합격까지 대략 4000만 원이 훌쩍 넘게 들어간다는 결론이 나옵니다.

많은 수험생이 민간 기업이나 공공기관에 대한 취업 준비를 병행하지 않고 오로지 공무원 시험에만 매달립니다. 경쟁이 치열한 시험 준비에 상당한 시간과 노력이 필요하다 보니 공무원 시험 하나만 준비하기에도 벅찬 실정입니다. 이 때문에 시험에 불합격하면 다른 대안이 없어서 다시 시험 준비생으로 돌아오는 악순환이 발생합니다.

그런데 한국고용정보원의 조사에 따르면, 시험 준비생 중 약 16퍼센트만이 합격한다고 합니다. 그래서인지 수험생들은 실제 일에 대한 흥미와 공직 업무의 특성을 고려하기보다 장기간의 수험 기간을 버틸 수 있을지, 정말 합격할 수 있을지, 합격 가능성은 얼마나 될지를 우선적으로 고려할 수밖에 없습니다.

공무원 시험은 누구나에게 차별 없이 동등하게 시험에 도전할 기회를 부여합니다. 젊은이들이 공무원 시험을 선호하는 중요한 이유 중 하나도 경제력, 집안 환경, 학벌 등 외부 변수가 거의 작용하지 않는 객관적인 평가를 통한 공정한 채용 시스템이라는 점입니다. 즉, 누구나 동일한 조건에서 경쟁하는 공정한 시합이라고 보는 것입니다. 지방 국립대를 졸업한 어떤 수험생의 인터뷰를 봐도 이를 짐작할 수 있습니다.

> "공무원 시험요? 그나마 가장 공정한 경쟁이죠. 지방대 문과생 꼬리표가 붙으면 대기업 취직은 하늘의 별 따기거든요."
>
> ○ 「공무원 늘린다는데 … 노량진 공시촌 '기회의 문' 인가 '희망 고문' 인가」, 『서울경제』, 2019년 7월 4일.

그러나 기회가 동등하다고 해서 결과까지 평등해지지는 않습니다. 우선 소득수준이 시험 준비 과정과 합격에 영향을 미치는 게 사실입니다. 소득 계층에 따른 공무원 시험 준비율과 합격률 조사 결과를 비교하면, 소득 하층(하위 30퍼센트)은 9급 시험에, 소득 상층(상위 30퍼센트)은 5급 시험에 더 많이 도전했으며, 실제 합격률은 상층(22.9퍼센트)이 하층(17.3퍼센트)을 앞섰다고 합니다. 소득수준이 높은 집단일수록 혼자 공부하기보다 비용이 훨씬 많이 드는 학원 수강을 선호한다는 조사에서 소득과 합격률의 연관 관계를 나름 짐작할 수 있습니다. 공무원 시험이 기회 평등과 공정한 경쟁을 실현

한다는 이상을 추구하지만, 시험 결과는 소득수준에 따라 어느 정도 계층화되어 있다는 씁쓸한 현실을 보여줍니다.

또한 출신 대학에 따라 합격률과 시험 준비 기간에 차이가 발생하기도 합니다. 9급 공무원 시험 합격자를 대상으로 한 조사에서 서울의 상위권 대학 출신(39.5퍼센트)이 지방 국공립대(25.3퍼센트)와 지방 사립대(16.3퍼센트)보다 거의 두 배 정도 앞선 합격률을 나타냈습니다. 시험 준비 기간도 서울 상위권 대학 출신은 평균(19.3개월)보다 4개월가량 짧은 15개월이라고 합니다. 우리나라 대학의 서열화 구조와 시험 합격의 연관 관계를 어느 정도 확인시켜 주는 결과라고 볼 수 있습니다.

조선 시대의 양반들은 과거에서 문과에 급제하려면 생원 · 진사 자격을 갖는 초시에 합격하고도 10년 정도 더 공부해야 했습니다. 일반적으로 7~8세 때 서당 공부를 시작해 20~30년 동안 열심히 노력해야만 급제도 가능했습니다.

과거 시험을 준비하는 데에도 돈이 많이 필요했습니다. 특히 지방의 양반들은 과거 공부를 위해 여러 해 동안 서울에 머무르는 경우가 많아 숙식을 위한 경비가 더 많이 들었습니다. 이렇게 과거에 많은 시간과 비용이 들어가다 보니 보통 30대 초·중반까지 공부에 전념하려면 충분한 경제적인 뒷받침이 필요했습니다.

특히 경제적으로 넉넉지 못한 상황이라면 재산을 모두 탕진할 정도로 시험 준비에 많은 돈이 필요했습니다. 돈이 부족해 상속받은 토지를 팔아치우기까지 했습니다. 조선 중기 권상일의 『청대일기淸

臺日記』를 보면 당초 논 9마지기와 밭 90마지기를 상속받았으나, 10여 년간 과거를 치르면서 불과 논 5마지기와 밭 8마지기만 남았다고 합니다. "내 500냥은 모두 과거에 들어갔으니 앞으로 굶어 죽는 것을 면하기 어려운 것인가. 공명이라는 것이 참으로 가소롭다." 너무 돈을 많이 쓰게 되니 나중에는 남은 것이 없었다고 한탄합니다. "집안에 돈 될 만한 물건이 하나도 없어서 민망하기 짝이 없다."

그나마 권상일은 과거에 급제했습니다. 대부분은 과거에 실패했고, 그들은 스스로 자책하면서 더 힘든 시간을 보냈을 것입니다.

그렇지만 오랜 시간을 공부한다고 해서 내내 항상 열심히 공부만 하지는 않았습니다. 평소에는 공부하지 않다가 시험 기간이 다 되어서야 벼락치기 공부를 하는 수험생들이 많다고 성균관 대사성이 비판하기도 했습니다.

> "우리나라에서 3년마다 과거 보는 법은 그 유래가 이미 오래되었습니다. 그렇지만 공부하는 자들이 미리 시험 볼 시기를 알고서 한가히 놀고 공부를 소홀히 하다가, 때가 닥쳐오면 이것저것 주워 모아 요행이나 바랍니다. 그러니 일찍부터 학교에 상시 거처하면서 학업을 익히려는 뜻이 없게 됩니다. 바라건대 지금부터는 수시로 선비를 뽑으소서. 또한 과거 선발 인원도 한때는 대여섯을, 또 다른 때에는 네댓을 뽑든가 하는 방식으로 매년 다르게 하소서. 그러면 공부하는 자들이 미리 기한을 알지 못하여 모두 학교에 상시 거처하며 학업을 익힐 것입니다."

○ 『세종실록』 61권, 1433년(세종 15년) 8월 22일.

중요한 시험을 앞두고는 누구나 예민해지게 마련입니다. 오랜 기간 준비한 과거를 앞둔 조선 시대 양반들도 마찬가지였습니다. 과거 시험 응시자들에게도 지금처럼 '떨어진다'는 말은 사용하면 안 되는 금기어였습니다.

> 근래 한 서생이 과거 날짜가 가까워져 오면 낙落 자를 쓰기 싫어서, 타락駝駱(낙타)은 타립駝立이라 하고, 물고기 낙지落池는 입지立池라 했으니, 혹시 '낙'자를 쓰게 되면 반드시 벌을 주었다. 장차 시험장에 들어갈 때 시험지를 땅에 떨어뜨리고 가자, 다른 사람이 등 뒤에서 '네 시험지가 섰다'고 했다. 그러나 그 서생이 알아듣지 못하고 잃어버리고 말았다.

○ 권별, 『해동잡록(海東雜錄)』, 서거정.

한편으로는 시험 합격의 간절함을 담아 그림을 선물하기도 했습니다. 주로 게와 갈대를 함께 그렸습니다. 게의 껍질인 '갑甲'은 과거 시험의 장원을 뜻했습니다. 그리고 게가 갈대蘆를 물어 전하면 '전로傳蘆'가 되는데, 과거 시험의 합격자 발표 의식인 전려傳臚와 발음이 비슷해서입니다. 즉, 게와 갈대 그림은 과거 급제의 소망을 담은 것입니다.

시험 관리의 핵심은 무엇보다도 공정함과 투명함에 있습니다. 그러나 과거 시험에서도 부정은 존재했습니다. 특히 고려 말기에 과거법이 크게 무너져 혼란해지자 응시자들 거의 모두가 다른 사람을 고용해 답안을 작성하게 했으며, 시험 감독관은 자기가 아는 사람을 먼저 뽑으려고 부정한 짓을 앞다투어 감행했다고 합니다. 조선 건국 후에는 잘못된 폐단을 뿌리 뽑고 부정행위를 엄하게 단속하고 관리했습니다.

> 출입문에서 응시자의 소지품과 옷을 검색하고, 입장한 뒤에는 서로의 거리를 여섯 자 간격으로 떼어서 머리를 맞대고 서로 이야기하지 못하게 했다. 문에 자물쇠를 잠그고 잡인들이 접근하지 못하도록 주변을 엄중히 지켰다. 대소변을 보러 갈 때에도 반드시 보고한 다음에 나가게 했다.
>
> ○『예종실록』 11권, 1469년(예종 1년) 6월 11일.

그러나 임진왜란 등으로 사회가 혼란해지자 시험 단속이 느슨해지고 시험장은 점차 문란해졌습니다. 결국 고려 때와 똑같은 폐단이 발생했습니다.

> 이번 시험장은 엄숙하지 못하여 떡, 엿, 술, 담배까지 대놓고 팔았을 정도였다. ○『영조실록』 120권, 1773년(영조 49년) 4월 9일.

대리시험 등 각종 부정이 넘치다 보니 사람들 사이에는 돈으로 과거 합격을 산다는 것을 비꼬는 노래가 유행하기까지 했습니다.

> 방이 나오던 초기에 '어사화냐? 금은화냐?' 하는 노래가 있었다. 이때에 이르러 돈에 관한 말이 여러 사람의 자백에서 낭자하게 나왔으므로 그 노래가 과연 맞게 되었다. 또 사람들이 시를 지어 '백지로 낸 답안지에 합격자가 나오니, 머리에 어사화 꽂고 길에서 쳐다보는 이에게 자랑하네. 도적 소굴에서 밤중에 휘파람 소리 들리니, 이 무리 또한 청렴하다 말할까?' 했으니, 당시에 두루 퍼져 암송되었다.
>
> ○『숙종실록』 34권, 1700년(숙종 26년) 1월 20일.

이렇게 부정으로 얼룩지자 정약용은 과거 시험이 더 이상 아무런 존재 의미가 없는 것으로 전락했다고 강하게 비난했습니다.

> 지금 천하의 총명하고 슬기로운 재능이 있는 이들을 모아 일률적으로 과거라고 하는 격식에 집어넣고는 본인의 개성은 아랑곳없이 마구 짓이기고 있으니, 어찌 서글픈 일이 아닐 수 있겠는가. 우리나라의 과거는 이미 쇠진했다. 고위층의 자제는 공부하려 하지 않고, 오직 시골의 가난한 사람만 공부한다. 권세가들은 시험 날에는 부정을 밥 먹듯이 해 '시豕'와 '해亥'도 구별하지 못하는 어린애가 장원하기 일쑤다. 과거 시험을 제대로 바꿔야만 백성들의 삶이 나아질 수 있다.

○ 정약용, 여유당전서, '오학론' ＿

그렇지만 고려부터 조선까지 1000년 넘게 이어진 과거 시험은 사회의 교육열을 자극하고 집안 배경이나 경제력이 아닌 개인 능력에 따라 공정하고 투명한 방법으로 관료를 선발한 긍정적 역할을 수행했다는 평가를 받습니다.

달라지는 공부 장소, 절에서 노량진까지

공무원 공개경쟁 채용 시험은 5, 7, 9급과 같이 채용 급수에 따라 시험 방법에 차이가 있습니다. 객관식과 면접을 통과해야 하는 것은 급수에 관계없이 똑같지만, 5급은 2차에서 추가로 서술형 주관식 시험을 칩니다. 엄밀히 말하면 특정 문제에 길게 답변하는 논술 방식입니다. 과목별로 두 시간 이내에 답안을 직접 작성해야 하는데, 시험 시간 내내 거의 계속 써야만 약 10쪽 분량의 답안지를 다 채울 수 있습니다. 과목별 답안은 여러 명의 채점자가 매긴 점수를 평균해서 부여하고, 개별 과목 점수가 모여서 개인의 최종 점수가 되는 방식입니다.

공무원 시험의 최종 관문은 면접입니다. 현재는 개인 발표를 포함하는 직무 역량 면접과 공직 가치·인성 면접으로 구성되어 있습니다. 직무 수행 과정에서 발생할 수 있는 갈등 사례를 제시하고 문제를 어떻게 해결할 것인지 등을 집중적으로 묻는다고 합니다. 응시자 중 10~20퍼센트 정도가 면접에서 탈락한다고 하니 이 또한 만만찮은 과정입니다.

지금은 인터넷 강의가 활성화되어 수험생들이 학교 도서관이나 스터디카페 등을 공부 장소로 많이 활용합니다. 그러나 1970년대만 해도 한적한 시골 민가로 들어가 공부하는 것이 유행이었습니다. 광주, 안양, 청평 등 당시 서울 인근의 경기도 시골에는 고시촌이 많이 생겨났다고 합니다. 농가에서 하숙비를 저렴하게 받고 공부방과 식사를 제공했는데, 당시 시골 마을에서는 괜찮은 부업이었다고 합니다. 고시촌 농가들은 수험생들의 하숙을 반겼다고 하는데, 여기에는 경제적인 면도 크지만 자녀들도 덩달아 공부를 열심히 하는 효과를 거둔다는 이유였습니다.

> 이 마을 동수상회 주인 유철근 씨(43)는 "마을에 고시 준비생들이 몇백 명 왔었지만 한 사람도 동네 사람들의 눈살을 찌푸리게 하는 행동이 없었고 지난해에는 3명의 여자 고시 준비생이 들어왔었는데 오히려 남자들보다도 규율이 더 엄하고 행동이 모범적이어서 동네 사람들의 칭찬이 자자했었다"고 말한다.
>
> ○ 「칠전팔기의 공부마을 '고시촌'」, 『중앙일보』, 1974년 7월 19일.

또한 그때까지만 해도 공부 장소로 절을 이용하는 사람도 꽤 있었습니다. 세상과 담을 쌓고 조용한 곳에서 공부에 집중하기 위해서였습니다. 1975년 사법 시험에 합격한 노무현 전 대통령의 합격 수기에도 절에서 공부한 이야기가 나옵니다.

> 당시 나는 형님을 따라 마을 뒤에 있는 봉하사라는 절에 가서 그곳에서 고시 공부를 하는 형님 친구들의 법 이론이나 시국에 대한 토론을 자주 듣곤 했으며 … 그러다가 9월에야 정신을 바짝 차리고 장유암이라는 절에 들어갔다.

1980년대 중반부터는 신림동 고시촌이 사법 고시와 행정 고시 공부 장소로 유명했습니다. 인근에 위치한 서울대학교의 영향으로 시험 준비생들이 많은 데다가 1980년대 말 고시학원이 등장하자 본격적으로 전국의 수험생들이 모여들었습니다.

> 신림동이 인기 높은 고시촌으로 자리 잡게 된 데는 무엇보다 이곳이 도심지에서 벗어나 조용한 주택가라는 점과 서울대생과의 정보 교환이 용이한 지역이라는 이점이 크게 작용하는 것 같다. 또한 고시원의 한 달 비용이 하숙비보다 2~3만 원 저렴하다는 것이 주머니 사정이 각박한 학생들에게 빼놓을 수 없는 매력이 아닐 수 없다. 때문에 각종 시험을 앞둔 시점에는 돈이 있어도 방을 구하기 어려운 지경이다. 먼 길을 찾아왔다가 그냥 발길을 돌리는 경우는 물론, 심지어 순위를 정해놓고 대기하는

'파열 현상'도 빚어진다.

○ 『경향신문』, 1989년 4월 19일.

2000년대 초 IMF 외환위기 영향으로 취업 시장이 얼어붙고 사법 시험 선발 인원이 1000명까지 늘자 이곳은 큰 호황을 누렸습니다. 이후 로스쿨 도입과 사법 시험 폐지 등으로 자연스레 쇠퇴했습니다. 신림동 고시촌에서 어떤 수험생들은 합격의 기쁨을 경험했고, 그보다 훨씬 많은 이들은 불합격의 씁쓸함을 견뎌야 했습니다. 그들이 주로 머물던 고시원이나 원룸은 책상 하나와 침대 하나가 겨우 들어가는 작은 단칸방이었습니다. 주방, 화장실, 욕실, 세탁실은 공동으로 사용해야만 했습니다.

> 그것은 방이라고 하기보다는 관이라고 불러야 하는 크기의 공간, 그 좁고 외롭고 정숙해야만 하는 방안에서 나는 웅크리고 견디고 참고 침묵했다.

○ 박민규, 「갑을 고시원 체류기」, 『카스테라』, 문학동네, 2005.

그런 곳에서 여러 해를 버텨가면서 시험 준비에 전념했습니다. 신림동에서 공부하다가 사법 시험 합격 후 판사로 근무하다 20년 만에 고시촌을 다시 방문한 문유석은 이런 감흥을 남겼습니다.

> 이 동네의 본질은 변할 리 없다. 미래에 대한 불안, 초조, 욕심, 좌절, 분노, 비뚤어진 욕망, 충족되지 않는 자존감, 과대망상,

성욕, 찌질함, 고시촌의 청춘이란 그런 것이다. 나는 그때 누구보다 찌질하고 피폐했다. 내 안 밑바닥 어딘가에는 아직도 고시촌의 쾨쾨한 냄새가 남아 있다.

○ 문유석, 『개인주의자 선언』, 문학동네, 2015.

반면 7·9급과 경찰교사 등의 공무원 시험 수험생들은 노량진에서 많이 공부하고 있습니다. 노량진은 원래 대입 재수학원이 중심이었는데, 공무원 시험에 관심이 높아지자 1980년대 후반부터 여러 학원들이 생기면서 새로운 공부 장소로 각광받기 시작했습니다.

종로·영등포·노량진 등에 몰려 있는 공무원 시험 전문 학원에는 시험 준비생들로 붐비고 있는데, 교실마다 100여 명이 넘게 수용하고 있고 이것마저 모자라 아침반·오후반·저녁반 등으로 2~3부제 수업까지 실시하고 있다.

○ 『매일경제』, 1988년 1월 8일.

최근 코로나19의 영향과 공무원 시험의 인기가 하락세로 접어들면서 노량진이 예전보다 활력이 떨어졌다는 얘기가 나옵니다.

"손님이요? 말해 뭣합니까. 많이 줄었어요. 요즘은 정말 힘들다는 생각에 턱턱 숨이 막힙니다." 그의 말대로 팬데믹 여파로 노량진 일대 상권이 가라앉으며 컵밥 거리의 매장 중 태반이 문을 닫았다.

○ 『이코노믹 리뷰』, 2022년 6월 17일.

그럼에도 노량진에는 여전히 학원 수십 개가 영업 중이며, 수험생 수만 명과 학원, 식당, 서점 등 관련 업계 종사자가 이곳에 거주합니다.

> 노량진 고시텔은 십층짜리 주상복합건물에 있었다. 일층은 박리다매형 대형 식당과 편의점, 약국, PC방 등이 세 들었고 이층 삼층은 거의가 9급 행정직, 9급 법원직, 9급 세무직, 9급 경찰직, 9급 소방직, 9급 보건직 시험 학원의 강의실이었다. 사층부터 십층까지는 삼 평이나 사 평짜리 원룸인데, 입주자들은 모두 9급 공무원 시험 준비생들이었다.

○ 김훈, 「영자」, 『문학동네』 2014년 겨울호.

고려에서도 수험 공부 장소로 유명한 곳이 있었습니다. 수도 개경의 자하동이 그런 곳이었습니다. 송악산 골짜기에 위치한 자하동은 가을 단풍이 붉게 피어오른다고 해서 붙여진 이름이라고 합니다. 이곳에는 고려 시대 사학의 최고 명문이었던 구재학당이 위치해서 당시 과거 시험을 준비하던 많은 수험생이 몰려들었습니다.

> 문종 때 최충이 후진을 모아 가르쳤는데, 양반의 자제들이 최충의 집에 문전성시를 이뤘다. 양반 자제 가운데 무릇 과거에

응시하려는 자는 반드시 이에 속해 공부했다. 구재학당의 옛 터는 자하동에 있다. ○ 신증동국여지승람 —

조선의 양반들은 합격을 위해 마지막으로 국가 최고 교육기관인 성균관을 많이 거쳤습니다. 『경국대전』에는 성균관 입학 자격을 다음과 같이 규정해 놓았습니다. 사학 학생들 중에 15세 이상인 자로 『소학』이나 사서 중 1경에 능통한 자, 공음이 있는 집 자제로 『소학』에 능통한 자, 문과나 생원·진사의 향시나 한성시에 급제한 자 등입니다. 성균관에서 공부하는 유생들은 과거 시험을 준비하는 데 필요한 종이나 붓, 식사도 모두 나라에서 지원받는 국비 장학생이었습니다.

이렇게 유생들에게 공부에 필요한 모든 비용을 지원해주는데도 성균관은 정원 미달이 자주 발생했습니다. 1459년(세조 5년) 11월 9일 성균관을 담당하는 예조에서는 "성균관에서 상시로 양성하는 정원이 원래 200명인데 매번 정원에 차지 않아 사학의 학생을 시험봐서 선발해도 100명도 차지 않았습니다"라고 보고합니다.

성균관의 재정이 부족해 시설이 미흡하거나 생활에 대한 규제를 엄격히 해서 유생들이 입학을 회피하는 것이 가장 큰 원인이었습니다. 특히 땔감 부족으로 기숙사 온돌을 때지 못해 추운 겨울에도 차가운 바닥에서 자야 하거나 식사도 부실하기 짝이 없었습니다. 학교 시설이나 지원이 열악하다 보니 경제적으로 여유 있는 사람은 부근의 반촌이나 성균관 부속 건물에 머물렀습니다.

서울의 세력 있는 집 자제들은 다행히 생원시에 합격하면 성균관에 있은 지 얼마 안 되어 그 거처와 음식이 제 뜻에 맞지 않는 것을 꺼려서 모두 아버지나 형의 음덕으로 벼슬하고자 했고, 지방 출신자 정도나 모이기도 하고 흩어지기도 했다. 간혹 학문에 뜻을 둔 선비는 모두 구석진 시골의 외곽 출신이라, 항상 성균관에 거처하여 종종 풍습병을 얻으므로 많은 사람들이 이를 싫어했다. 성균관에 거처하는 자는 늘 30, 40명이 안 되었다.

○ 『태종실록』 33권, 1417년(태종 17년) 윤5월 14일.

열악한 시설 탓에 아픈 환자들이 속출하자 태종은 온돌방을 만들고 의원을 보내 그들을 치료하게 했습니다. 그러나 4년 뒤에도 학생들이 열악한 시설에서 하루 종일 앉아서 공부하느라 혈액 순환 장애로 몸이 붓는 부종이 많이 생기게 되었고, 아예 의원을 상주시키는 조치를 다시 내렸습니다.

참찬 변계량과 예조판서 이지강 등이 "성균관 학생들이 붓는 병으로 누차 죽어서 저희들이 그 까닭을 물으니, 모두 생원들이 원점 300개를 채우려 하는 데다가 강독 시험 방법이 한자리에 오래 앉아서 글 읽기만 힘쓰게 하므로, 정신이 피로하고 기운이 떨어져서 병이 깊어 죽음에 이르는 것을 알지 못합니다라고 답했습니다. 원점 제도와 강독 시험의 두 가지 일은 국가에서 열심히 배워서 인재가 되도록 힘쓰는 것이니 이를 바꿀 수는 없습니다. 의원 두 명을 두어 서로 번갈아가면서 아침저녁으로 같이 있게 하여 치료하면 붓는 환자가 없게 될 것입니다"고 아뢰니, 임금이 그대로 따랐다.

○ 『세종실록』 13권, 1421년(세종 3년) 8월 24일.

성균관에 들어가지 않는 유생들의 공부 장소는 주로 집이나 서원이었습니다. 혼자서 공부하기도 했지만, 조선 후기에는 효율적으로 시험에 대비하고 시험 정보를 공유하기 위해 여러 명이 숙식을 함께하며 경전을 읽고 글을 지은 후 서로 평가하는 거접居接을 하기도 했습니다.

11월 6~7명의 유생들과 함께 거접했는데 명륜당에서 선유라는 동료와 함께 『논어』를 읽었으며, 며칠 후에는 다른 동료들과 함께 거처를 관물당으로 옮겨 공부했다.

○ 권상일, 『청대일기』.

거접으로 주로 이용하는 장소는 서원이나 향교, 절과 같은 곳이었습니다. 불교를 배척했던 조선에서도 시험을 준비하는 많은 선비들이 절에 가서 공부했습니다.

유생이 절에 올라가는 것을 금지하는 법이 『경국대전』에 실려 있지만, 예전부터 유생이 절에 가서 독서하는 풍습은 오래되었

> 습니다. 조정의 사대부로서 절에 가서 독서하지 않은 사람이 누가 있습니까? 봉선사와 봉은사는 이미 금지법이 있지만, 이 두 사찰에 대해서는 별다른 금지법이 없으므로 독서하는 자가 간혹 있습니다.
>
> ○ 『명종실록』 9권, 1549년(명종 4년) 9월 8일.

부모들 중에는 자식을 공부에 집중시키기 위해 절에 보냈고, 제대로 공부하지 않으면 엄하게 꾸짖기도 하고 심지어는 매까지 들었습니다.

> 손자인 광연이 절에 가서도 글 읽기를 게을리 하므로 스승인 중이 종아리를 때리려 하자 즉시 도망쳐서 왔다. 나는 화가 나서 매를 때렸다.
>
> ○ 유희춘, 『미암일기(眉巖日記)』(1576년).

고생 끝에 합격의 영광

공무원을 임용한다는 것은 정부 조직의 빈자리에 사람을 구해서 배치하는 활동을 말합니다. 빈자리에 부족한 인원을 보충하는 방법은 승진이나 전보 등을 통한 내부 충원과 신규 채용을 통한 외부 충원으로 나뉩니다. 새로운 공무원을 선발하기 위한 신규 채용은 크게 공개경쟁 채용과 경력경쟁 채용으로 구분됩니다. 원칙적으로는 공개경쟁 채용 제도를 통해 불특정 다수를 대상으로 한 시험을 거쳐 선발하며, 전문 인력이나 경험자가 필요한 분야에서는 예외적으로 경력경쟁 채용을 실시합니다.

현재의 공무원 선발 제도는 1949년 제정된 '국가공무원법'에 따라 시험을 통해 인재를 선발하는 기반이 만들어졌습니다. 이후 1963년 국가공무원법을 개정해 공개경쟁 시험을 통한 신규 채용 원칙을 세웠습니다. 1973년에는 시험 응시 자격에서 학력과 경력 제한을 폐지했으며, 2008년부터는 응시 연령 상한 제도도 없앴습니다. 5·7급은 20세 이상, 8·9급은 18세 이상만 응시하도록 하는 제한이 여전히 남아 있기는 하지만, 나이에 따른 차별이라는 비판에 따라 5급과 7급 시험에서도 2024년부터 응시 연령을 18세 이상으로 낮출 계획입니다.

모든 시험은 공정성과 객관성이 핵심입니다. 그렇지만 거의 모든 시험에서 그렇듯이 공무원 시험에서도 부정행위는 발생하고 있습니다. 부정행위로 적발되는 대부분은 시험시간이 끝난 후에 감독관의 제지에도 불구하고 답안지를 작성하는 사례입니다. 예외적으로 2018년 국가정보원 공채 시험에서 토익 점수를 허위로 기재했다가 적발된 경우가 있었고, 같은 해 청와대 경력경쟁 채용 시험에서 허위 근무 경력을 제출했다가 발각된 사례가 있었습니다. 다행히도 조직적인 범죄 행위가 적발된 적은 없습니다.

2016년에는 지역 인재 7급 수습직원 선발 시험에서 사회적으로 큰 충격을 준 시험 부정행위가 일어났습니다. 한 수험생이 시험 결과를 관리하는 인사혁신처 사무실에 몰래 들어가 담당자 컴퓨터에 접속해 성적을 조작했다가 적발된 것입니다. 국가 중요 시설로 여러 보안 단계를 거쳐야 하는 중앙 행정기관을 침입해 벌인 대담한 범행 수법이 많은 사람을 놀라게 했습니다.

이 범죄를 저지른 수험생은 이후 경찰 조사에서 예전 대학수학능력시험, 한국사능력검정시험 등에서도 시력이 나쁘다는 허위 진단

서를 이용해 부정행위를 했던 사실이 추가로 밝혀지기도 했습니다.

「공무원 시험 응시생, 정부 청사 침입해 성적 조작 … 인사처 '합격자 발표 영향 무'」 ○『동아일보』, 2016년 4월 6일.

우리보다 공무원 선발 규모가 훨씬 큰 중국에서도 시험에서 조직적인 부정행위가 드러나 사회적인 문제가 되고 있습니다. 대리 시험, 소형 무전기 등까지 이용한 부정 사례가 매년 발생하자, 중국 정부는 부정행위가 발각되면 응시 자격을 영구 박탈하고, 징역 7년형까지 처할 수 있도록 처벌을 강화했습니다.

일제강점기에 조선총독부는 근대적 시험 제도인 '고등문관 시험'과 '보통문관 시험'으로 공무원을 선발했습니다. 고등문관 시험은 행정관, 외교관, 판검사 등 고등 관료를 선발하기 위한 자격시험이었는데 행정과와 사법과가 있었습니다. 행정과의 경우 헌법, 행정법, 민법, 경제학이 시험 필수과목이었다고 합니다.

고등문관 시험은 일본 도쿄에서 시험을 치렀기 때문에 식민지의 평범한 조선인이 상당한 비용이 드는 이 시험에 도전하기란 거의 불가능했습니다. 필기시험과 몇 달 후 구술시험을 칠 때 두 번이나 도쿄를 직접 가야 했기 때문입니다. 게다가 당시 분위기는 시험 칠 때만 잠깐 도쿄를 가는 것이 아니었습니다. 몇 달 전 미리 가서 시험 출제 교수가 많았던 도쿄제국대학 수업을 몰래 청강하는 방법을 통해 시험 정보를 얻어야 했다고 합니다.

당시 서울에서 도쿄까지 가는 길은 경부선 기차를 타고 부산에 가서 배를 탄 후 시모노세키 항을 거쳐야 했으며, 거기서 다시 기차를 타야 하는 험난한 길이었습니다. 보통 뱃삯과 기차비만 해도 거의 한 달 집세와 맞먹을 정도였다고 하니, 도쿄에 여러 달 머물면서 들어가는 숙박비와 식비, 교재비까지 포함하면 어마어마한 수준이었을 것입니다.

식민지 조선에서는 취업난이 심각했습니다. 우선 식민 침탈로 젊은이들이 일할 만한 공간이 만들어지기 어려웠습니다. 게다가 1929년 미국에서 시작된 세계 대공황은 1930년대 조선 경제에도 커다란 영향을 미쳤습니다. 학교를 졸업해도 취직자리를 찾기가 힘들었고, 청년 실업자는 넘쳐났습니다. 취업난이 심각한 상황에서 고정적인 월급과 신분이 보장되는 조선총독부 관리는 매력적인 직장일 수밖에 없었습니다.

> 경성부 내 30여 개 학교 졸업생 2500여 명 중 직업을 구하기 위해 헤매는 사람만 1300여 명이다. 학생들은 은행과 회사의 중역 사택 방문하기와 유력자의 소개와 추천을 얻어 억지로라도 채용되기를 힘쓰고 있다. 은행, 상점, 관청 책상에는 졸업생들의 이력서가 산같이 쌓여 있지만 채용될 인원은 230여 명뿐 ….
>
> ○『조선일보』, 1931년 2월 27일.

그리고 식민 지배 기간이 길어지면서 조선총독부 관리에 대한 사회적 저항감이 상당히 무뎌진 것도 사실입니다. 관리로서 출세하고자 하는 사람은 시간이 갈수록 늘어났습니다. 일부 근대 엘리트들은 식민 지배에 협조하는 것을 어쩔 수 없는 불가피한 선택으로 받아들이면서 자신만의 출세와 성공을 위해서 끊임없이 노력했습니다. 식민 지배 체제에서 조선인이 조선총독부의 고급 관리가 될 수 있는 거의 유일한 길은 고등문관 시험을 통과하는 것뿐이었습니다.

시험을 통과한 합격자들은 치열한 경쟁을 통해 선발되었다는 선민의식과 근대 지식인이라는 우월한 자의식을 강하게 나타냈다고 합니다. 당시 이 시험의 합격자는 '고등문관 시험 합격이 관계등용문의 유일한 패스포트'였으므로, 합격자 명단을 보는 순간 '내 앞날의 인생이 보장된 듯한 안도의 기분'을 느꼈다고 회고하기도 했습니다.

그들은 식민지 조선에서는 누구보다도 똑똑한 엘리트였지만, 한편으로는 멸시받는 조선인에 불과한 존재였습니다. 시인 임화는 일본으로 가는 배에서 현해탄 바다를 건너는 식민지 유학생의 야망을 시로 표현하기도 했습니다.

꿈꾸는 사상이 높다랗게 굽이치는 도쿄
모든 것을 배워 모든 것을 익혀
다시 이 바다 물결 위에 올랐을 때
나는 슬픈 고향의 한밤
홰보다 밝게 타는 별이 되리라

○ 임화, 「해협의 로맨티시즘」 중

1923년 최초의 행정과 합격자가 나온 이후 1945년 해방될 때까지 140여 명의 조선인이 고등문관 시험을 통과했습니다. 어려운 시험이었던 만큼 합격하는 순간 고등 관료가 되는 건 당연한 일이었고, 관리로서 출세하면 돈과 명예, 권력이 주어졌기 때문에 성공의 길이 보장되었다고 볼 수 있습니다. 당시 평북도청에 근무하면서 고등문관 시험 행정과에 합격한 이홍배는 합격 이후 달라진 위상을 이렇게 표현했습니다.

> 고등문관 시험에 내가 합격했다는 소식이 전해지자 신문기자의 인터뷰 신청이 쏟아져 들어오고 지방 유지들의 방문 인사가 줄을 이었다. 그리고 도청 내에서는 모두들 나의 이야기를 하는 것 같았고, 평소에 인사도 없었던 다른 부나 과 직원이나 급사까지도 나와 마주치면 정중히 인사를 하곤 했다. 나는 그날부터 도청 내 고등관 식당 출입이 허용되어 도지사를 비롯한 간부들과 점심을 먹게 되었고 외부로부터 도청 간부를 초청하는 행사나 연회에도 초청을 받게 되었다.
>
> ○ 이홍배, 「금촌의 회상」 중, 1983.

고등문관 시험에 합격하는 것은 단지 개인의 영광만이 아니라 가문과 출신 학교의 위상을 높여주는 계기가 되었습니다. 시험을 통과하면 고향에서는 축하하는 환영회가 이어졌습니다. 합격자 숫자가 대학의 우열을 평가하는 주요 기준 중 하나였기 때문에 학교 차원에서 응시를 권유할 정도였습니다.

최소 중학교 이상의 졸업자만 응시할 수 있었던 고등문관 시험과는 달리, 보통문관 시험은 학력 제한이 없어 누구나 응시할 수 있어 인기가 높았습니다. 이 시험을 통과하면 중등 관리로 바로 임용될 수 있었습니다. 시험은 중학교 이상 졸업한 수준의 난이도로 다섯 과목을 치렀는데, 필기와 구술시험으로 구성되었고 거의 매년 시험이 시행되었습니다. 시험 도입 초창기인 1910년대에는 관청의 수요가 많아 바로 임용되었지만, 1930년대 이후에는 임용 대기 기간이 4년을 넘거나 아예 임용되지 못하는 사례도 꽤 있었다고 합니다.

보통문관 시험의 응시자는 1920년대에는 400~600명 수준이었으나, 1930년대가 되면서 1000명을 훌쩍 넘었고, 1939년에는 1700여 명이 응시하기도 합니다. 선발 인원은 사회 상황에 따라 매년 변동이 있었지만, 응시자가 늘어나면서 자연스레 경쟁도 치열했습니다. 1931년 경북 상주 읍면 서기 자격시험은 8명 선발에 126명이 지원했고, 1931년 9월 경남 남해 면 서기 시험은 3명 선발에 172명이 응시하는 치열한 다툼이 펼쳐졌습니다.

> 면서기·산림감시원 등 30명을 모집하는 데 지원자가 800명을 돌파했지만 아직도 끊임없이 밀려드는 지원자로 군청 부근은 인산인해라더라.
> ○ 『조선일보』, 1931년 3월 27일.

보통문관 시험에 합격해 만 21세의 젊은 나이에 1934년 평안북도 초산군청의 군속(주사)이 된 박희현의 기록을 보면 그가 처음 공무원이 되었을 때의 사회적 위상이 얼마나 대단했는지를 짐작할 수 있습니다.

> 우선 직장인 군청에 나가면 '박 주사 나리'라는 우월한 분위기가 나를 맞는다. 군청에는 30여 명의 직원이 있어도 주사라는 군속 계급을 가진 사람은 몇 사람 안 된다.
>
> ○ 박희현, 「오봉팔십년」 중, 1990.

당시에도 본격적인 시험 준비를 위해서는 수험서가 필요했습니다. 수험서는 대부분 일본에서 들어온 것들이었습니다. 수험서는 대체로 단행본과 잡지 형태로 나왔는데, 당시 수험생들도 공부에 지쳐 나약해질 때면 합격 수기를 읽으면서 힘을 냈다고 합니다. 병으로 실의에 빠져 있던 한 수험생은 비슷한 처지에 있었던 선배 수험생의 경험담을 읽고서 '암담한 앞길에 한 줄기의 빛이 비치었다'라며 큰 힘을 얻었다고 고백하기도 했습니다.

독학으로 혼자 공부해야 하고 시험 정보가 거의 없던 시절이기에 참고서 선택은 중요했습니다. 합격자들은 과목당 한 권으로 정리할 것을 권고했습니다. 그리고 너무 어렵고 양이 많은 '일류 학자의 방대한 참고서를 구하지 말고' '보통 시험의 정도를 벗어나지 않는 범위에서 가능한 넓고 얇게 전반을 훑을 수 있으며 적당한 난이도로 실력 함양을 목적으로 하는 평이한 참고서'를 추천했습니다.

또한 마지막 관문인 구술시험에 대해서도 여러 주의사항을 알려주기도 했습니다. 당시 수험 잡지가 알려주는 주의사항은 지금의 면접시험 대비법과 비교해도 별다른 차이가 없습니다. "노심초사하지 말 것, 시험관의 질문 의도를 정확히 파악하고 토론하는 것과 이유를 구분할 것, 하나의 문제에 대해서는 하나의 대답을 할 것, 시험관 앞에서는 대담하고 당당할 것, 시험관의 유도에 자신의 답이 앞에서 한 답과 모순될 때에는 잘못된 부문을 시인할 것."

1930년대 수험 잡지에는 시험이 이미 꽤 오랜 역사를 가졌기에 공부 방법, 모의시험, 모범 답안, 합격 사례 등이 함께 실려 있었습니다. 수험 잡지는 시험을 처음 시작하면서부터 마무리할 때까지 수험생들의 곁을 지킨 일종의 지침서 역할을 한 셈입니다.

1945년 광복 후 약 3년간의 미 군정기에는 미국식 인사행정 제도가 도입되었습니다. 공무원 임용에 관해서는 실적주의 원칙을 선언했는데, 이는 정부에 채용되려면 성실성과 적성을 확인하기 위해 문관 시험에 합격해야 한다는 원칙을 규정한 것입니다. 그러나 결국 원칙을 선언하는 것에만 그쳤을 뿐 공개경쟁 채용 시험 등 실적주의 원칙을 뒷받침할 제도가 제대로 시행되지 못했습니다.

당시 행정부의 고위 공무원은 일제강점기 시절부터 일하던 관료들이 대부분이었습니다. 1949년 8월에는 광복 이전에 일본 고등문관 시험에 합격한 자를 대한민국 고등고시령에 따라 합격한 자와 동등하게 대우하겠다고 규정한 고등고시령을 제정하기도 했습니다.

조선 시대에는 유생들이 과거 시험을 준비하기 위해서 『논어』, 『맹자』, 『중용』, 『대학』의 네 경전과 『시경』, 『서경』, 『주역』의 세 경서를 비롯해 『문선』, 『통감』, 『사기』, 『주자가례』와 같은 여러 책을 읽고 공부해야 했습니다. 그들이 공부해야 할 책 종류만 해도 대략 30종이 넘었습니다. 이 중 사서삼경은 기본 필독서였습니다. 조선의 국가 이념을 제공해주는 경전이면서 과거 시험의 출제와 직접적으로 관련된 책이었습니다.

그러나 수험생들은 사서삼경과 같은 두껍고 어려운 유교 경전을 공부하기보다 간편한 요약서를 선호했습니다. 기본서 격인 사서삼경은 내용이 어려운 것은 물론 출판 기술과 종이 부족으로 서적을 구하기 어려웠습니다. 또한 책값이 너무 비싸서 웬만한 경제 수준의 수험생들은 책을 가질 엄두조차 내지 못했습니다. 그래서 명종 때는 공부에 활용하라는 목적으로 과거 시험의 답안지를 반포해 유통하기도 했습니다.

> 팔도와 서울 유생의 합격한 답안지 중에 가장 잘된 것을 선택하여 인쇄하여 나누어주는 것이 좋다.
>
> ○ 『명종실록』 29권, 1553년(명종 18년) 6월 9일.

요약서는 대체로 개인이 여러 책에서 시험에 필요한 부분을 발췌하거나 함께 공부하는 소규모 집단에서 만들었습니다. 과거 시험의 참고서들은 주로 인맥을 매개로 다시 베끼거나 빌려 보면서 유통

되었습니다. 깊이 있게 공부하지 않는다는 비판은 있었지만, 시험 합격을 위해서는 다양한 책에서 좋은 글을 간략하게 발췌해 모은 초집抄集으로 준비하는 게 더 효율적인 방법이었습니다. 당시 유생들의 공부법에 대해 성균관 대사성 황현 등은 상소문을 올리며 다음과 같이 비판합니다.

> 경서의 책들은 책상에 팽개쳐두고 이를 읽는 소리조차 들을 수 없고, 옛날 사람들이 지은 글 중에 과거 시험에 나올 만한 것이 다 싶으면 다 베껴 차고 다니면서 밤낮으로 외우고 생각하며 열람하는 손길을 멈추지 않습니다.
>
> ○ 『세종실록』 49권, 1430년(세종 12년) 8월 22일.

초집으로 하는 공부 방법이 널리 활용된 것은 과거 시험에서 이전과 동일한 문제가 출제되는 사례가 많았기 때문이기도 합니다. 유교 경전의 제한된 범위 안에서 출제하다 보니 계속 새로운 문제를 발굴하기가 어려웠습니다. 그러다 보니 비슷한 문제가 반복 출제될 수밖에 없는 구조였습니다.

1432년(세종 12년) 3월에는 초집을 활용하는 것이 다른 사람의 글을 표절하는 것이라며 아예 법으로 금지하기도 했습니다. "지금 응시자들은 사서삼경을 깊이 연구하지 않고, 오로지 동료가 쓴 글을 베껴서 그대로 따라 해서 요행으로 합격하기를 바란다. 지금부터는 옛글을 익히지 않고 동료가 쓴 글을 뽑아 기록한 것을 시험장에서 발각된 자는 과거 응시를 금지시켜라."

그렇지만 아무리 금지한다고 하더라도 수험생들에게 초집은 뿌리치기 어려운 유혹이었습니다. 1437년(세종 19년) 7월 사헌부의 보고입니다. "온 나라 자제들이 경전은 못 쓰는 물건처럼 보고, 초집만을 좋은 공부 수단으로 여겨 책자로 만드는 풍습이 굳어졌습니다. 비록 금지하는 법이 있어도 이제는 막지 못하게 되었습니다."

이후에도 초집으로 공부하는 풍토 때문에 유생들이 공부를 게을리한다는 비판은 계속되었습니다. 1537년(중종 32년) 9월 9일 김근사의 비판입니다. "지금의 유생들이 학업에 태만한 것은 과거 시험을 중요하지 않게 여겨서 그런 것이 아니라 배우지 않은 것이 습관이 된 것입니다. 평상시에 게으르고 안일하여 놀기 좋아하다가 과거가 다가오면 진부한 것을 몰래 주워 모아 요행히 지름길을 알아내려고만 하니, 그 폐단이 이미 고질병이 되어 이제는 고칠 수가 없습니다."

그러나 공부를 위한 수험서도 주로 서울을 중심으로 유행했기 때문에 지방에서 혼자 공부하는 유생들은 정보가 항상 부족하기만 했습니다. 『승정원일기』에는 시골 마을에서 수험 공부를 하다 과거에 급제한 관리가 공부하던 당시의 어려움을 토로하는 글이 담겨 있습니다.

| 태어난 곳은 궁벽한 향촌이어서, 어렸을 때 학습에 도움이 될 만한 자료가 없었고, 성장해서는 공부 효과를 올려줄 친구들이

없었다. 과거에 대비해서도 글 작성법을 익히지 못했기 때문에 과거에 급제하리라고는 기대하지 못했다.

○ 『영조실록』 14권, 1727년(영조 3년) 12월 17일.

또한 유생들은 어려운 경전 내용을 외우기 위해 죽첩경서라는 학습 도구를 많이 활용했습니다. 손가락 길이만 한 가는 대나무 살에 경전 첫 구절을 적어두고 수시로 가지고 다니면서 하나씩 펼쳐 보며 본인이 외운 것을 확인하는 데 사용한 것입니다. 이것은 간혹 과거를 볼 때 부정행위에 활용할 용도로도 몰래 사용되었다고 합니다.

3.

공무원 직장 생활 탐구

공무원 조직은 어떻게 운영되는가

국가의 행정 업무를 주로 담당하는 일반직 공무원은 직업 공무원의 특성에 따라 계급이 정해져 있습니다. 정년이 보장되는 일반직은 1~9급까지 계급을 구성하며, 상위 계급은 대개 하위 계급 근무자 중에서 승진을 통해 임용합니다. 즉, 공무원 조직은 상위 계급으로 갈수록 자리가 줄어드는 피라미드형 구조입니다. 조직 내에서 일반직 공무원을 지휘하는 장관, 차관 등의 고위직은 정년이 보장되지 않는 정무직 공무원입니다. 일반직이지만 1급도 예외적으로 신분이 보장되지 않는 자리입니다. 이외에 일반직과는 달리 별도의 직위와 봉급 체계를 갖는 경찰과 소방, 교육, 외교, 판검사 등 특정직 공무원이 있습니다.

상위 계급으로 승진하려면 상위 직급에서 빈자리가 생겨야 합니다. 승진에 걸리는 시간은 근무 부처의 특성이나 개인의 업무 성과 등 여러 변수가 복합적으로 작용하므로 기관별로 차이가 날 수밖에 없습니다. 2020년 조사를 보면, 9급에서 7급으로 승진하는 데 국가직은 9.1년, 지방직은 6.1년이 걸려 3년의 차이를 나타냈습니다. 또한 2019년 인사혁신처 조사를 보면, 중앙직 공무원은 9급에서 5급까지 승진하는 데 평균 27년 9개월이, 지방직은 25년 4개월이 걸리는 것으로 파악되었습니다. 중앙 부처 중에는 행정중심복합도시건설청이 17년 4개월로 가장 짧은 반면, 법무부는 31년 3개월로 가장 길어 10년이 훌쩍 넘는 큰 편차를 보였습니다.

4급 이상과 건축, 토목, 환경, 식품위생 등 인허가 관련 부서 7급 이상 공무원은 재산 등록 대상입니다. 공직자 재산 등록 제도는 공무원의 부정한 재산 증식을 방지하고 공무 집행의 공정성을 확보하기 위해 1981년 처음 도입했지만, 한동안 제대로 활용되지 못했습니다. 비공개가 원칙이라 재산 신고가 정확하게 이루어졌는지 확인하기가 어려웠기 때문입니다. 1984년 6월 27일 『조선일보』는 「모호한 공직자 재산 등록」이라는 제목의 사설에서 공직자가 재산을 등록할 때 기재한 재산이 사실과 일치하는지 확인할 방법이 없어 재산을 감춰서 불법과 비리를 만들고 있다고 비판하기도 했습니다.

1993년부터는 재산 공개와 함께 처벌 근거가 마련되면서 공직자 재산 등록 제도의 실효성이 크게 높아졌습니다. 매년 연말을 기준으로 공무원 본인과 배우자, 직계 존·비속의 재산 변동 사항을 신고해야 합니다. 2022년에는 공무원 23만여 명이 신고 대상이었습니다. 그중 1급 이상 고위 공무원은 매년 재산 보유 상황을 관보에 공개합니다. 그러다 보니 외부에 재산이 공개되는 시점인 매년 3월 말에는 관련 기사가 나오고 있습니다. 그리고 행정부, 입법부, 사법부별로 재산이 많거나 적은 순서대로 공무원 개개인의 순위를 매기곤 합니다.

> 「재산 공개 : 정부 고위직 1978명 평균 재산 16억 원 … 45.8퍼센트는 1억 이상 증가」 ○『연합뉴스』, 2022년 3월 31일.

공직자 재산 등록 제도는 이제 정례화된 시스템이다 보니 재산 순위를 아는 것 말고는 사회적 관심이 많이 줄어든 것이 사실입니다. 한편으로 이는 재산 변동 내역이 상시적인 점검과 관리 대상이 되었음을 의미하기도 합니다. 그렇지만 재산 등록을 처음으로 공개하기 시작한 1993년에는 사회적으로 엄청난 파급력을 가졌습니다. 당시 김영삼 대통령은 재산 내역을 공개하면서 이렇게 말했습니다.

> "나는 대통령인 내 자신이 솔선해서 국민의 앞에 서겠다는 새로운 각오를 가지고 있습니다. 그렇기 때문에 오늘 나의 재산을 공개하도록 하겠습니다." ○ 1993년 2월 27일 대통령 취임사.

단지 신임 대통령이 재산을 공개하기만 했는데도 당시 국회의장을 포함한 국회의원 여러 명은 불법 재산 취득 혐의로 의원직을 사퇴했고, 장차관들도 부도덕성을 이유로 물러나기도 했습니다. 재산의 변동 상황을 1년에 한 번씩 등록하는 것이 번거롭고 귀찮은 측면이 있기는 하지만, 공직자에게는 스스로 자신의 재산 상황을 점검하는 계기가 되기도 합니다.

부이사관인 3급 중앙 부처 공무원은 심사를 통과하면 '고위공무원단'에 소속됩니다. '고위공무원단 제도'는 정부의 정책 결정과 관리에서 핵심적 역할을 담당하는 실·국장급 공무원을 범정부적 차원에서 활용하기 위해 운영하는 것입니다. 중앙 부처의 국장급 이상 공무원 1500여 명이 고위공무원단에 속해 있습니다.

5급 공채로 공무원 생활을 시작하더라도 보통은 20년이 지나야 고위 공무원이 될 수 있습니다. OECD의 많은 국가도 고위직 관리들로 구성된 고위공무원단 제도를 운영합니다. 안정성과 전문성을 확보하고 정부의 변화에 유연하게 대처하기 위해 중앙 행정기관을 통해 고위 공무원을 관리하는 것입니다. 국가 규모에 따라 고위공무원단은 보통 1000~2000명 정도로 구성된다고 합니다.

조선 시대에 있었던 당상관도 지금의 고위 공무원과 비슷한 관직입니다. 정3품 이상의 당상관들은 임금과 함께 국정을 논의하고 핵심 관서의 책임자를 맡은 자격 요건을 갖추게 되었습니다. 관리라면 누구나 정3품 이상의 품계를 가진 당상관이 되기를 원했습니다. 그렇지만 당상관에 속하는 관직은 전부 100여 개 정도에 불과했기 때문에 자리다툼은 항상 심했습니다.

문과 급제자는 일단 종7품 이하인 참하관으로 임명받아 근무 일수를 채워 승진했습니다. 참하관들은 근무 일수 450일을 채워 한 단계 승진하지만, 3~6품의 참상관들은 900일을 근무해야 다음 단계로 승진이 가능했습니다. 종9품이 정3품인 당상관에 올라가려면 20세에 관직을 시작하더라도 60세가 되어야 가능해서 대략 40년의 오랜 시간이 필요했습니다. 경쟁이 치열하고 오르기 어렵지만 일단 당상관이 되면 관료를 추천할 수 있는 인사권, 소속 관료의 근무 실적을 평가할 수 있는 포폄권, 군사를 지휘할 수 있는 군사권 등의 중요 권한을 행사했습니다. 그리고 퇴직 후에도 일정 부분 녹봉을 계속 받고 중요 국정에 참여해 자문하거나 국가 행사에 참여할 수 있었습니다.

공무원으로서 장관 수준의 고위직에 오르기 위해서는 국회의 인사 청문회를 거쳐야 합니다. 인사 청문회는 대통령이 임명한 행정부 고위 공직자의 자질과 능력을 국회에서 검증하는 제도로 2000년부터 도입했습니다. 정부가 국회에 임명 동의안을 제출하면 국회는 인사 청문회를 통해 적격 여부를 판단합니다. 국회가 민주적 통제 장치를 통해 인사권을 견제하는 역할을 수행하는 것입니다. 인사 청문회 제도는 과도한 신상 털기 등 망신 주기로 일관한다는 비판이 있기도 하지만, 개인 능력과 도덕성을 공개 검증한다는 장점이 있습니다.

1~9급으로 나뉜 현재의 공무원 계급 체계는 1981년부터 사용되었습니다. 이전에는 7개 계급으로 분류되다가 이때부터 9개로 확대된 것입니다. 한편에서는 직급이 너무 많다 보니 국민이 공무원의 담당 직무를 이해하기 어렵다는 비판도 나오고 있습니다.

일반직 공무원의 계급과 직급명

계급	1급	2급	3급	4급	5급	6급	7급	8급	9급
직급명	관리관	이사관	부이사관	서기관	사무관	주사	주사보	서기	서기보

또 다른 한편에서는 현행 공무원 직급 체계에 사용하는 명칭이 일본 제국주의의 잔재이므로 변경해야 한다고 비판도 있었습니다. 특히 고위직에 해당하는 이사관과 서기관은 을사늑약 이후 일본의 강요로 설치된 한국통감부와 조선총독부의 관직 이름이라는 것입니다. 사무관, 주사, 서기 등의 명칭도 모두 일본의 관직 명칭을 그대로 따온 것이라고 주장하기도 했습니다.

> 김승수 전주시장은 25일 간부회의에서 "현재 대한민국 공무원의 직급 명칭은 대부분 일제강점기 잔재인 만큼 명칭을 바꾸고 정비해야 한다"고 밝혔다.
>
> ◦ 「사무관·주사·서기 … 공무원 직급 명칭 일제 잔재 없앤다」, 『연합뉴스』, 2019년 7월 25일.

이런 주장에 반론을 제기하는 입장도 있습니다. 이사관이라는 명칭은 일제강점기 때 처음 사용한 것이 맞지만, 다른 명칭들은 고려나 조선 시대부터 사용했다는 것입니다. 이사관은 1905년 일제가 을사늑약을 통해 한국의 외교권을 빼앗고 통감 정치를 실시하면서

공무원 직급명의 유래

직급명	첫 사용	유래
이사관	대한제국 말 1905년(을사늑약 이후)	이사청의 장을 이사관이라고 호칭
서기관	1894년(고종 31년, 관제 개혁)	경무청에 서기관을 두도록 함
사무관	1895년(고종 32년)	통상사무관 명칭을 둠
주사	995년(고려 성종 14년)	1894년(고종 31년)에도 사용
서기	1894년(고종 31년)	관제 개혁 때 처음 사용

부터 사용했다고 합니다. 당시 일제는 통감부의 하부 조직으로 국내 주요 도시에 이사청을 설치하고, 기관장을 이사관이라고 했습니다. 그러나 고종 때부터 사용한 서기관과 사무관은 해방 이후 공무원 직급으로 채택되었으며, 6급을 뜻하는 주사는 고려 성종 때 처음 사용해 오랜 역사를 가지고 있습니다.

공무원 조직은 상급자의 정당한 지시를 하급자가 수행해야 하는 계급 구조입니다. '국가공무원법' 제57조에는 공무원이 직무를 수행할 때 소속 상관의 직무상 명령에 따르도록 하는 '복종의 의무'를 규정하고 있습니다. 물론 이때 적법한 직무상 명령이 되기 위해서는 정당한 권한을 가진 소속 상사가 부하의 직무 범위 내에 관한 명령을 해야 하며, 법정 절차를 준수해야 하고 명령 내용도 적법해야 합니다.

행정기관이 소속 직원의 활동에 최종 책임을 지는 직업 공무원 제도를 운영하는 상황에서는 하급 직원이 상관의 정당한 지시와 명령을 당연히 따라야 합니다. 다만 '복종의 의무'라는 단어 자체가 권위적이라는 의견이 있어 '직무 명령 준수 의무' 등으로 바꿔야 한다는 주장이 힘을 얻고 있습니다. 물론 굳이 복종 의무를 언급하지 않아도 직속상관이 소속 직원의 인사와 승진에 직결된 평가 권한을 가진 이상 직무상 명령에 따를 수밖에 없습니다.

조선 시대에는 관리들의 근무 성적을 평가하는 포폄 제도를 운영했습니다. 매년 두 차례 중앙 관리들은 이조가, 지방 관리들은 관찰사가 고과표考課表를 작성했습니다. 해당 관리를 가장 잘 아는 직속상관들에게 평가 권한을 부여해 행정 조직의 명령 체계가 제대로 작동하도록 한 것입니다. 업무 실적과 근무 태도를 바탕으로 실시하는 포폄 결과는 포상과 처벌의 근거가 되었습니다. 상중하로 이루어지는 평가에서 열 번 모두 상을 받으면 1계급 승진을, 두 번 중을 받으면 좌천을, 세 번 중을 받으면 파직하도록 하는 엄격한 심사였습니다.

왕을 중심으로 한 권력 체계를 갖추었던 조선 시대에는 임금의 명령이 절대적이었습니다. 그러나 조선은 임금의 강력한 권력을 견제하기 위한 여러 장치를 두기도 했습니다. 심지어 왕권의 견제 역할만을 수행하는 별도 기관을 운영하기도 했습니다. 바로 사간원입니다. 우리나라만의 독자적인 독립기관이었던 사간원은 임금의 잘못된 정책과 행동을 감시하고 견제하는 것이 고유 역할이었습니다.

사간원의 관리인 간관은 임금과 반대 입장을 굽히지 않다가 처벌까지 받는 일이 많았습니다. 다만 잘못이 있을 때 좌천은 될 수 있지만 함부로 지방으로 쫓아내는 폐단을 막기 위해 지방관으로 전출되지는 않게 했습니다. 그렇지만 누구에게나 절대 권력을 가진 임금에게 간언하는 일은 힘들었습니다. 당연히 처벌을 각오해야 했고, 심지어 임금에게 간언을 잘못했다는 이유로 옥에 갇혔다가 관가의 노비가 되는 사례까지 있기도 했습니다.

> 전주 관노 방문중을 석방하고 고신(임명장)을 주었다. 방문중은 태종 때에 간언하다가 죄를 얻어서 관노가 되었는데, 세종·문종 때부터 언관들이 누차 풀어주도록 요청했다. 이때에 이르러 명령이 있어 석방했다.
>
> ○『단종실록』 13권, 1455년(단종 3년) 3월 9일.

방문중은 1418년(태종 18년) 임금에게 잘못 간언했다는 이유로 노비 신분이 되었으니, 무려 38년 동안 양반 신분을 회복하지 못한 것입니다. 간언을 통해서 본인들의 의견이 받아들여지지 않으면 신하들은 집무를 거부하는 강력한 방법을 사용하기도 했습니다.

> "옛날 세종대왕께서 한 가지 잘못하신 일이 있자 그 당시 집현전 학자들이 물러나 귀가해버려 집현전이 텅 비게 되었습니다. 이에 세종께서 눈물을 흘리며 황희를 불러 '집현전 학사들이 나를 버리고 가버렸으니 장차 이를 어찌하나?' 라고 말했습니

다. 그리고는 마침내 황희에게 명하여 학사들의 집을 두루 다니며 간청하여 나오게 했습니다."

ㅇ『영조실록』 11권, 1727년(영조 3년) 2월 3일.

아무리 막강한 권력을 가진 임금이라도 말년이 가까워지면 신하들이 말을 듣지 않는 권력 누수 현상인 레임덕이 발생했습니다. 52년의 긴 시간을 재위한 영조는 통치 기간 내내 강력한 권한을 행사했지만 그도 레임덕을 겪을 수밖에 없었습니다. 영조가 재위 48년째(79세)인 1772년 손자이자 왕위 계승자인 정조는 외할아버지에게 보낸 편지에 "임금께서 나이가 더 드시니 신하들을 찾아도 대답하지 않는 일이 잦습니다"라고 썼습니다.

역사를 기록하는 사관은 임금과 관련된 모든 내용을 기록해 역사에 남기는 일을 담당했습니다. 그러나 때에 따라서는 그들도 직접 임금에게 조언하기를 두려워하지 않았습니다.

"오늘날과 같은 상황에서 한 말씀도 올리지 않는다면 이는 전하를 버리는 것입니다. 전하의 말씀과 행동을 신들이 모두 기록하면서도 유독 말하지 않는 것은 대신과 간관이 있기 때문입니다. 그런데 그들이 이미 말할 길이 없는 상황이니 사관이지만 말하지 않을 수 없습니다."

ㅇ『정조실록』 44권, 1796년(정조 20년) 5월 1일.

사관이 기록하는 비평 대상에는 제한이 없었고 내용도 거침없었습니다.

> 사관이 논한다. 임금이 즉위한 이래도 한 번도 정사를 보지 않았다. 사헌부·사간원과 홍문관이 연합하여 상소한 것이 한두 번이 아니었으나, 매번 몸조리한다고 지시했다. 1년이 넘는 몸조리 기간에 병이 나은 날이 어찌 하루도 없었겠는가? 군신 사이가 막히고 멀어져 상하의 감정이 통하지 않아서 장차 나라를 다스리지 못할까 심히 두렵다.
>
> ○ 『광해군일기(정초본)』 12권, 1609년(광해군 1년) 1월 10일.

국왕의 정책 방향이 잘못되었다고 판단할 때는 유생도 개인이나 집단으로 임금에게 반대 의견을 쓴 상소문을 올릴 수 있었습니다. 그중 1만여 명의 선비들이 연대 서명하여 올리는 만인소는 조정에 의견을 제시해 반대 여론을 공론화하는 대표적인 방법입니다. 조선 시대에는 사도세자 복권, 서원 철폐 반대 등 총 일곱 차례의 만인소가 있었습니다.

> 이런 즈음에 영남 유생의 만인소가 나왔고, 중직에 있는 신하 이병모가 이어서 또 성토했습니다.
>
> ○ 『정조실록』 35권, 1792년(정조 16년) 5월 24일.

심지어 임금에게 신하들을 얕보는 것은 잘못되었다며 임금 본인의 생각을 지나치게 뽐내지 말라는 상소도 있었습니다.

> "전하께서는 지나치게 스스로를 어질고 슬기롭다고 여기면서 신하들을 너무 하찮게 여기고 계신 것 같습니다. 가만히 보건대 전하의 생각에서 나온 것은 과도하게 버티면서 끝내 변경하지 않습니다. 또 신하들의 말이 전하의 생각과 다르면 그때마다 배척하시며 심지어 견책까지 뒤따르게 합니다."

○ 『인조실록』 49권, 1648년(인조 26년) 11월 26일.

인사는 모두의 관심사

"인사를 결정하는 날에는 청탁하는 자들이 대궐 뜰을 분주히 오가고, 임명장이 내려오지 않았는데도 밖에서는 벌써 누가 어느 벼슬에 임명되었는지 알고 있으니, 매우 옳지 못합니다."

◦ 『성종실록』 172권, 1484년(성종 15년) 11월 1일.

조선 시대에도 인사는 관리들에게 가장 중요한 소식이었습니다. 그러다 보니 원하는 자리로 가려는 경쟁이 항상 치열하게 펼쳐졌습니다. 관리를 임명하기 위해서는 비삼망備三望이라 하여 각 부서의 책임자들이 관리들을 심의하고 각 관직별로 적격자 3인의 명단을 임금에게 먼저 올렸습니다. 일종의 3배수 추천제라고 볼 수 있습니다. 그러나 후보자에 추천되는 것부터 경쟁과 청탁의 연속이었습니다. 그러다 보니 청탁을 물리친 청렴한 관리 이야기가 널리 알려지기도 했습니다.

> 이조판서가 된 어효첨이 해당 관리의 후보를 추천하는데, 이때 관행적으로 서로 아는 사람이 비밀리에 명함을 들이밀었다. 그는 그것을 뒤집어 끝에다 "하늘이 알고, 귀신이 알고, 내가 알고, 자네가 아는데, 어찌 부끄러움과 두려움이 없겠는가? 그대는 돌아가 쉬어라"라고 써주니, 그 후로부터 이런 일이 없어졌다.
>
> ○ 권별, 『해동잡록』.

분경奔競은 원하는 관직을 얻기 위해 서로 다투어 인사 청탁을 하는 것을 말합니다. 조선 초기부터 분경을 막기 위해 노력했습니다. 태종은 즉위한 직후 분경을 금지하고, 고위 관료에게 누구든 집을 찾아오면 신분의 높낮이와 방문 이유를 묻지 않고 무조건 잡아 가두도록 지시를 내렸습니다. 실제로 관리 몇 명이 분경하러 고위 관료의 집을 찾았다가 파직되기도 했습니다. 그러나 엄한 조치도 여러 이유로 완화되면서 기강도 해이해지게 되었습니다.

> "요즈음 무예에 자질이 있는지 가리지 않고 현명한지 아닌지를 묻지도 않은 채 일체 권세가에게 청탁한 자만을 후보자로 선정하고 있습니다. 이 때문에 첨사나 만호가 되려는 자는 뇌물을 가지고 권세 있고 지위 높은 사람을 섬깁니다. 마침내 자리를

얻게 되면 뇌물로 허비하는 면포가 거의 수백 필에 이릅니다. 그 면포는 큰 부자 상인에게 꾼 것이니, 이 상인은 첨사나 만호의 근무지에 내려가서 군인과 백성에게 배로 징수하고 있습니다. 이와 같은 폐단은 이루 다 말하기 어렵습니다."

○ 『중종실록』 70권, 1530년(중종 25년) 12월 28일.

조선의 관료 사회도 관직 자리를 두고 여러 명이 경쟁하는 구도였습니다. 임금이 세 명 가운데 한 명의 이름에 점을 찍어 결정하는 것을 낙점落點이라고 했는데, 낙점은 지금도 여러 후보 중 마땅한 대상을 고른다는 의미로 사용하고 있습니다. 낙점된 결과는 그대로 관보에 해당하는 조보에 공표되었습니다.

1582년 11월 20일 공주 목사 재직 시절의 모든 사건과 허물로부터 깨끗하게 책임을 벗게 됐다. 성주 목사로 다시 추천을 받았다. 하지만 추천을 받은 후보자 모두 임금을 모셨던 사람들이다. 결국엔 가장 첫 번째로 추천을 받은 윤희길이 낙점을 받아 성주 목사가 됐다.

○ 권문해, 『초간일기』.

그렇지만 임금이 결정한다고 해서 관료로 최종 임명되는 것은 아니었습니다. 이후 사헌부와 사간원의 인사 검증인 서경署經 절차를 통과해야만 최종적으로 임명이 확정되었습니다. 고려 시대에는 모든 관원이 서경을 받았지만, 조선 시대에는 5품 이하만 서경을 받았습니다. 서경을 거쳐야만 고신이라는 정식 관원 증명서를 발급받을 수 있었습니다.

서경은 관리 후보자는 물론이고 가족, 친척까지 행적을 조사해 적정성 여부를 검토하는 절차였습니다. 자신의 잘못이 아닌 조상이나 친척 문제 때문에도 관직 진출이 제한될 수 있었습니다. 1451년(문종 1년) 8월 1일 사헌부가 감찰로 임명된 이승윤의 서경을 거부했습니다. 왕이 이유를 묻자, 사헌부 지평(종5품) 문여량은 "이승윤의 아버지인 이양의 매부는 과거 감찰직에 임명되지 못했습니다. 또한 매부의 아들과 사위도 감찰에 임명되었으나 고신을 아직 주지 않고 있는데, 하물며 이승윤은 이양의 아들 아닙니까?"라고 답했습니다. 아버지의 매부, 그 매부의 아들과 사위에 관한 문제로 서경을 거부한 것입니다.

그러나 서경은 절차가 너무 번잡하고 시간이 많이 걸리는 문제가 있었습니다. 이런 비판에 따라 점차 간소화되다가 결국 정조 때 폐지되었습니다. 서경은 제한적인 수단이기는 하지만, 임금의 강력한 인사권을 견제하는 역할을 수행했다는 평가를 받습니다.

청탁과 뇌물 인사로 인한 폐단은 고려 시대가 더 심했습니다. 이때는 아예 임금마저도 관료들이 뇌물 받는 것을 당연시하고 심지어 많이 받을 수 있도록 챙겨주는 분위기였습니다.

> 왕이 사람을 쓸 때에는 오직 곁에서 아첨하는 신하나 환관과 의논했다. 이로 말미암아 청탁이 유행하고 뇌물이 공공연히 오

가서 어진 사람과 그렇지 않은 사람이 뒤섞였다. 아첨하는 신하와 환관이 청탁하게 되면 왕이 "뇌물을 얼마나 받았느냐?"라고 물어서, 많이 받았다고 하면 좋아하면서 그 청을 들어주고 그렇지 않다고 하면 시일을 미루면서 많이 받도록 기다렸다. 이리하여 가까운 신하들이 부당한 권력을 행사하는 관습이 이전 시대보다 심했다. ◦『고려사절요』, 1184년(명종 14년) 12월.

그러다 보니 고려 역사에는 인사에 원칙을 지킨 엄정한 관리들을 칭송하는 기록을 남기기도 했습니다.

충렬왕 때 박항이 승선으로 임명되어 관리의 인사를 담당했다. 이전에는 인사를 맡은 관리가 집으로 나와서 잤기 때문에 만나자는 사람들이 집 앞을 메울 정도였는데, 박항이 처음으로 궁궐 안에서 숙식하다가 비로소 인사를 끝내고서야 궁궐에서 나왔다. 이 뒤로 사람들이 이렇게 하는 것을 상례로 삼았다.

◦『고려사』 권106, 열전 권제19 「제신」, '박항'.

안전이 인사를 담당할 때에 매번 바른 것을 지키고 아첨하지 않아서 당시에 그를 '무쇠떡'(단단하고 질긴 떡)이라 불렀다.

◦『고려사』 권106, 열전 권제19 「제신」, '안전'.

현재 공무원 인사는 순환보직job rotation이 원칙입니다. 일정한 시간 간격을 두고 다른 부서나 직무로 이동해 근무하는 것을 말하는데, 보통 2~3년을 주기로 합니다. 이 제도는 다양한 업무를 거치며 경험을 쌓아 시야를 넓히게 하고, 관리자의 역량을 향상시키는 것을 목적으로 합니다. 한 직책에 지나치게 오래 근무해서 발생할 수 있는 관성에 젖거나 부정에 연루될 가능성을 차단하는 효과도 분명 있습니다.

그러나 순환보직 기간이 짧고 자리 이동이 잦다 보면 행정의 일관성과 계속성이 떨어지고, 업무의 전문성과 능률이 떨어지는 부작용이 있습니다. 게다가 공무원 사회에서도 누구나 원하는 좋은 자리와 업무가 있고, 누구도 원하지 않는 힘들거나 나쁜 자리가 당연히 있습니다. 사람에 따라서는 남들이 부러워하는 몇몇 자리를 계속 순환보직하기도 하고, 누군가는 반대의 일도 일어납니다.

아무리 순환보직을 하더라도 바쁜 사람은 어떤 자리를 가더라도 바쁘고, 바쁘지 않은 사람은 계속 바쁘지 않게 마련입니다. 열심히 일하는 사람은 더 바쁜 자리로 옮기고, 덜 열심히 하는 사람은 덜 바쁜 자리로 옮기게 되는 것입니다. 물론 열심히 일하면서 일을 몰고 다니는 사람은 조직에서 업무 능력을 인정받고 남들보다 빠르게 승진하는 것이 일반적입니다. 그렇지만 요즘에는 계속 바쁘게 일하기보다 주어진 시간 동안 맡은 업무를 처리하고 자기만의 시간을 보내기를 원하는 분위기가 강합니다.

| 지난해 공무원 시험에 합격해 주민센터에서 근무하고 있는 이

> 모 씨(28)는 … "어떻게든 일을 피하려는 선배 공무원 때문에 후배들이 업무 과다에 시달리고 있다"며 "최저임금에 가까운 급여를 받고 계속 일할 순 없다"고 토로했다.
>
> ◦「일은 많은데 박봉, 꼰대 문화까지 … 떠나는 MZ 공무원들」, 『파이낸셜뉴스』, 2022년 6월 29일.

공무원 조직에서도 부서를 바꾸거나 업무 분장을 새롭게 할 때마다 불만이 생기는 사람은 당연히 있습니다. 열심히 일하는 직원일수록 혼자만 바쁘게 일하는 기분이 들기도 합니다. 따라서 부서장은 업무의 시급성이나 난이도 등을 고려해 직원들에게 적절히 업무를 분배해야 합니다.

그렇지만 세상일이 늘 공평할 수 없는 것처럼 능숙하고 깔끔하게 일을 처리하는 직원에게 자꾸 더 배분하는 경향이 있게 마련입니다. 사실 한 사람이 신속하게 업무를 처리하는 것이 여러 사람이 같은 분량으로 나누어 처리하는 것보다 일을 쉽게 마무리하는 방법일 수 있습니다. 그러나 누군가는 쌓여가는 업무에 치여 점점 지쳐가고, 그러다 보면 스스로에 대한 한계를 느끼거나 업무 배분의 공정성에 의문을 제기하게 됩니다.

고위직으로 갈수록 한자리에서 근무하는 기간이 상대적으로 더 짧습니다. 2014년 자료에 따르면 고위 공무원 500명 가운데 1년 내에 자리를 옮긴 사례는 235건으로 47퍼센트나 되었고, 거의 대부분(86퍼센트)은 2년 이내에 인사이동을 한 것으로 나타났습니다. 이에 비해 OECD 주요 선진국의 고위 공직자 평균 재임 기간은 3~5년이라고 합니다. 한국의 짧은 근무 기간 문제는 1990년대에도 지적되었습니다.

> 과거 재정경제원의 국장급 요직인 국제금융증권심의관. IMF 이후 가장 눈총을 받는 자리가 됐다. '그 직책을 제대로 수행했던들….' 그러나 재경부 사람들은 "그때 누가 그 자리를 맡았어도 결과가 달라지지 않았을 것"이라고 말한다. 이유는 이 보직의 평균 재임 기간이 고작 7.6개월에 불과했기 때문이다. 1994년 12월 재경원이 발족한 이후 모두 5명이 거쳐 갔다. 그중 한명은 "업무 파악에 최소 6개월은 필요한 자리더라"고 했다. … 내년 정년퇴직 예정인 일본 총리실 소속 내각조사실의 한반도 담당 데스크도 30년간 한반도 문제만 담당해왔다. 한국 방방곡곡 안 가본 곳이 없다.
>
> ○ 「순환보직 '아마추어 관료' 양산」, 『조선일보』, 1998년 3월 8일.

사실 공무원 사회에서는 한자리에 오래 근무하는 것보다 두루두루 여러 자리를 맡아 다양한 직책을 거치는 게 승진에 유리합니다. 여러 분야에 폭넓게 쌓아놓은 인맥이 나중에 힘을 발휘하고 출세에 도움이 된다는 이야기가 많습니다. 또한 공무원 조직에는 같은 직급이라도 상위 보직과 하위 보직이 암묵적으로 존재합니다. 하위 보직에서 출발해 상위 보직 몇 개를 거친 뒤 승진하여 다시 그 직급의 하위 보직부터 밟아 나가는 이동을 반복하고 있습니다. 이런 형태의 인사이동 때문에 한 직급에 자리가 비면 동일 직급의 하위 보직에 있던 사람들이 한 단계씩 연쇄적으로 이동합니다. 순환보직이 자주 발생할 수밖에 없습니다.

게다가 고위직으로 올라갈수록 인사 적체 등으로 거의 매년 돌아가면서 외부 파견 근무를 나갑니다. 그러다 보니 자연스레 연말이 되면 새로운 파견자가 나와야 하기 때문에 인사 순환이 불가피합니다. 순환보직과 전문성은 계속 비슷한 문제로 지적되지만, 현재 제도 아래에서는 쉽게 개선되기 어려운 게 현실입니다.

> 공무원 임용령 45조는 잦은 인사이동에 따른 전문성 저하를 막기 위해 2급 이상(국장급 이상 고위공무원단)은 한자리에 최소 1년 이상, 3·4급(과장급)은 1년 6개월 이상, 과장급 미만은 2년 이상 머물도록 규정하고 있다. 전문가들은 이에 대해 '전문성을 쌓기 힘든 너무 짧은 재임 기간'이라고 한다. 하지만 현실은 그마저도 지켜지지 않고 있다. … 전문가들은 "공무원들이 선호하는 이른바 '꽃보직'을 돌아가면서 하려다 보니 자리를 자주 옮기게 되는 것"이라고도 했다."
>
> ○「한자리 1년도 못 채우고 빙빙 도는 고위 공무원들」, 『조선일보』, 2014년 5월 14일.

> 규제 완화 논의 좁혀질 만하면 담당자 교체, 매번 원점으로,

규제개혁 담당 과장 평균 임기 1년 반도 안 돼 전문성 부족

○ 「3년 새 5번 바뀐 담당 공무원, 규제 풀리겠나」, 『동아일보』, 2019년 4월 4일.

공무원의 잦은 순환 근무 때문에 전문성이 떨어지는 문제는 조선 시대에도 마찬가지로 발생했습니다. 정약용도 이로 인한 문제점을 인식하고 있었습니다. 1790년(정조 14년) 임금이 관리들의 전문성을 향상시킬 방안을 묻자, 이렇게 대답한 것입니다.

> 농정관을 자주 바꾸므로 세입이 얼마나 많고 경비가 얼마나 적은지를 알지 못하며 병조를 자주 바꾸므로 병사의 일 중에 무엇을 먼저 처리해야 하고 무관 중에 누가 쓸 만한지를 기억하지 못합니다. 전임 관리에게서 결정된 재판이 후임 관리에게서 번복되는 것은 형조가 자주 바뀌기 때문으로 형사소송에 원망이 많고, 규례에 어두운 것은 예조가 자주 바뀌기 때문으로 의례를 고증할 수가 없습니다.

정약용도 하급 관리가 다양한 업무를 경험해 시야를 넓혀야 한다는 점에는 동의했습니다. 다만 각 부 지휘관인 판서의 임기를 늘려 업무 전문성과 행정의 일관성을 확보해야 한다고 주장했습니다. 오랜 기간 한 분야에서 근무하는 지휘관이 부처 인사를 능동적이고 효율적으로 운용하면 순환 근무에 따른 문제점도 충분히 보완할 수 있다고 본 것입니다.

조선 시대의 모든 관직도 원칙적으로 임기제가 적용되었지만, 예외적으로 고위 공무원인 당상관, 사헌부와 사간원 관리인 대간 등에게는 적용되지 않았습니다. 『경국대전』에는 6품 이상은 900일, 7품 이하는 450일을 근무한 후 인사이동 하면서 승진하도록 했습니다. 반면 지방에서 근무하는 관찰사는 360일로 1년, 수령은 1800일로 5년 근무하는 게 원칙이었습니다.

하지만 인품이나 능력의 탁월함 등을 이유로 한 다양한 예외 사례가 존재했기 때문에 이 원칙이 제대로 적용되었다고는 보기 어렵습니다. 관직의 숫자는 제한적인데 희망자는 훨씬 많아서 자리 경쟁이 항상 치열하게 발생한 것도 원인으로 작용했습니다.

1489년(성종 20년) 4월 12일 임금이 임기가 아직 끝나지 않은 이원 등을 임용하려고 했습니다. 이에 대사헌 송연은 "『경국대전』에서 '의정부·육조의 당하관은 반드시 임기를 마친 후에 옮긴다'라고 했는데, 이것은 고칠 수 없는 법입니다. 아무리 인품이 훌륭한 자들이라고 하나, 그 벼슬에 있었던 기간이 짧은데 갑자기 관직을 올려 임명하면 안 됩니다. 법에 규정된 원칙이 허물어질까 두렵습니다"라며 반대합니다.

그러자 임금도 물러서지 않고 "법이 그렇더라도 진실로 어진 사람이라면 어찌 그 법에 구애될 필요가 있었는가"라며 강행할 의사를 밝힙니다. 다른 대신들까지 나서서 원칙을 변경할 수 없다고 강력히 반대하자, 결국 임금은 담당 부서에서 이를 논의하라고 한발 물러서게 됩니다.

승진은 최고의 보상

조선 시대 선비들이 즐겨했던 놀이 중 종경도가 있습니다. 종경도는 벼슬살이 도표라는 뜻으로 승경도, 승정도, 종정도라고도 불렸습니다. 놀이 규칙은 놀이판에 관직명을 적어놓고, 윷놀이처럼 나무를 던져서 나온 숫자만큼 말을 이동해 하위직부터 차례로 승진해 고위 관직에 먼저 오르는 사람이 이기게 됩니다. 승진에 대한 간곡한 소망을 관직 놀이로 달랬던 양반들의 마음을 짐작할 수 있습니다.

지금도 공무원이 가질 수 있는 최고의 보상은 바로 승진입니다. 봉급 이외에 근무 실적에 따라 추가로 받을 수 있는 성과급이 있기는 하지만, 그 규모가 크지 않기 때문에 누구나 승진으로 보상받기를 원하게 됩니다. 공무원에게 승진은 권한이 늘어나고 조직 내에서 성과를 인정받는다는 의미가 가장 크지만, 봉급의 증가도 부차적으로 뒤따릅니다.

공무원 사회에서 승진은 우선 업무 실적과 근무 연수가 가장 중요합니다. 그러나 인맥, 운 등도 무시할 수 없는 부분이며, 이들 모두가 복합적으로 영향을 미칩니다. 그래서 승진을 앞둔 시점에는 주변의 시선과 평판에 민감해질 수밖에 없고, 승진 심사 권한을 가진 간부들에게 관심을 받기 위해 노력합니다.

> 국무총리는 27일 일부 공무원들의 승진 시험과 관련한 장기 결근·상습 조퇴 등의 근무 기강 해이를 시정토록 하라고 각급 기관장에게 지시했다.
>
> ○「"승진 시험 공부" … 결근 잦은 공무원: 근태로 승진 안 시켜 - 남 총리」, 『중앙일보』, 1981년 4월 27일.

별도 시험을 통해 승진이 이루어지던 시절에는 시험 준비를 위해 당연히 해야 할 근무마저 게을리 하는 사례가 심심찮게 있었습니다. 30여 년 전에도 치열한 승진 시험 경쟁을 뚫기 위해서 다양한 편법을 동원했던 것으로 보입니다.

승진이나 자리 욕심, 업무에 대한 열정이 있는 공무원들은 일을 열심히 하고, 주변 업무까지 떠맡다 보니 일이 집중되는 경향도 생깁니다. 다양한 사람들이 같이 근무하는 공간에서 누군가 업무에 적극적인 의욕을 보이면 일이 몰릴 수밖에 없습니다. 그러다 보면 자연스레 야근이나 주말 근무를 포함해 사무실에서 자리를 지키는 시간이 길어집니다. 대부분 비슷한 양과 난이도의 일을 하는 공무원 조직에서 창의적인 아이디어로 자신의 성과를 차별화하기는 쉽지 않아 자리에 앉아 있는 시간으로 평가되기도 합니다.

어느 조직이나 부처에서든 승진에 유리한 자리가 있습니다. 조직 내에서 암묵적으로 보다 핵심적이고 중요한 가치를 인정받는 부서나 업무가 존재하는 것입니다. 공무원 세계에서는 일반적으로 인사나 기획, 예산, 과의 총괄 업무를 담당하는 자리가 승진과 가까워지는 위치입니다. 이러한 상대적 가치가 개인 성과 평가에 비공식적으로 반영되는 현상이 나타날 수밖에 없습니다. 외부에서는 잘 보이지 않을 수 있지만, 승진을 위해서 필요한 업무 경로가 내부에는 존재하게 마련입니다. 승진에 도움이 되는 자리가 있고, 그런 경로로 가려면 인사 소식에 밝아야 할 뿐만 아니라 평소에 평판 관리를 잘하는 것도 중요합니다.

공무원 사회에서도 업무 실적에 대한 주기적인 평가를 받고, 이를 바탕으로 승진 인사가 진행됩니다. 최근 들어온 젊은 공무원들일수록 객관적인 평가에 익숙합니다. 그들은 치열한 입시와 취업 관문을 거치면서 노력한 만큼 결과로 인정받을 때 공정하다고 생각하는 경향이 강합니다. 그들도 공무원 사회에는 연공서열이 존재하고 그것이 반드시 잘못되었다고는 단정 짓지 않습니다. 공무원 개인의 업무 성과를 객관적으로 평가하는 것이 어렵다는 사실도 잘 알고 있습니다. 그렇지만 개인의 노력이나 성과보다 연공서열이 평가에 절대적인 영향을 미치는 것에는 근본적인 의문을 갖는 경우가 많습니다.

승진에서 합리적이지 못한 결과가 발생하면 당연히 공정성을 의심하게 되고, 업무 의욕을 상실하게 되는 문제까지로 이어질 수도 있습니다.

실제로 젊은 공무원들은 근무 성적이나 성과급 평가가 실적을 최우선으로 하는 평가가 아니라고 생각하는 경향이 강하다고 합니다. 오히려 근무 기간만을 고려한 평가라는 의문이 생기고, 평가가 공정하지 못하다는 불신 때문에 회의감이 들 때가 있다는 의견이 많습니다. 업무 성과에 걸맞은 보수와 보상이 이루어지는지에 대한 조사에서도 '그렇지 않다'고 답변한 비율이 시니어 공무원(1960~1970년대생)은 32.2퍼센트고, 주니어 공무원(1980~2000년대생)은 48.2퍼센트로 훨씬 높게 나타났습니다.

물론 공무원 사회도 승진 평가 때 연공서열의 비중을 낮추려고 노력하고 있습니다. 2015년에는 승진 평가 점수에 연공 점수의 반영 비율을 최대 30퍼센트에서 20퍼센트로 낮추었고, 2022년 8월 다시 10퍼센트로 낮췄습니다. 연공서열의 영향력을 줄이고 직무 성과 중심 체제로 공무원 조직을 바꾸기 위한 목적입니다. 이러한 변화가 실제 현장에서 어떤 영향을 미칠지는 앞으로 좀 더 지켜봐야 할 것으로 보입니다.

일제강점기에는 조선총독부에서 일하던 일본인과 조선인 관리 사이에 상당한 차별이 존재했습니다. 고위직일수록 조선인의 임용을 되도록 억제한 것입니다. 초기인 1910년대에는 대한제국 시절 관리들을 많이 임용했지만, 시간이 갈수록 조선인의 비중이 크게 감소했습니다. 고위 공무원에 해당하는 칙임관의 조선인 비율이 1910년 75퍼센트에서 1942년 22.8퍼센트로 줄어든 것으로도 확인할 수 있습니다.

일본인과 조선인은 승진에서도 차별이 있었습니다. 같은 공무원 시험을 통과하고 관리가 되더라도 일본인은 100명당 80명이 사무관으로 승진한 데 비해, 조선인은 절반 수준인 45명에 그쳤습니다. 사무관으로 승진하기까지 걸리는 기간도 일본인 4년 6개월, 조선인 6년 2개월로 차이가 컸다고 합니다. 조선인 사이에서도 도쿄제국대학 출신이 경성제국대학보다 더 빨리 승진하는 경향이 강해 출신 학교도 승진에 많은 영향을 미쳤습니다.

게다가 봉급이나 권한에서도 분명한 차이가 있었습니다. 조선인 공무원들은 식민지인이 가지는 태생적 한계와 설움을 절실히 느낄 수밖에 없었습니다.

> 조선인 군수는 일본인 서무과장에 머리를 올릴 수 없고, 만약 올렸다가는 그것이 마지막이다. 그러므로 울화통을 억누르고 참고 있다. 조선인은 지사까지가 등용문의 최대한도이다. 그것도 석조전에 백번이나 왕복하든가 아니면 하급 관리가 시키는 대로 하지 않으면 안 된다. 울화통을 억누르고 관리가 된다 해도 크게 성공할 수 없고, 그렇다 해서 민간에 내려와도 반대자로 취급당하므로 공중에 뜬 자가 되고 만다.
>
> ○ 『조선일보』, 1927년 6월 7일.

조선 시대에도 공무원들의 승진과 진급 문제는 매우 중요한 소식이었습니다. 소식은 관보인 승정원의 『조보朝報』에 실려서 중앙 관청뿐 아니라 지방의 각 고을에까지 알려졌습니다. 그러다 보니 객관적으로 납득하기 어려운 승진 인사가 있으면 그 배경을 의심하는 소문이 퍼지기도 했습니다.

> 피난하는 임금의 가마를 뒤따른 자들이 높은 자리에 올랐다. 평안도 병마절도사 이괄은 '인조반정'에서 지대한 공을 세웠음에도 제대로 인정받지 못했고, 조정에서는 오히려 자신을 위협 인물로 경계하는 분위기에 위기의식을 느낀 나머지 난을 일으켰다. 당시 임금이었던 인조는 공주로 피난길에 올랐는데, 당시 임금을 호위하며 가마를 따른 관리들이 모두 승진했는데 105명이었다. ◦ 김령, 『계암일록(溪巖日錄)』.

고려와 조선 시대 공무원들도 고과考課법이라고 해서 근무 성과를 평가받았습니다. 지방관들의 근무 성과를 평가하는 기준은 근무 일수·근무 태도·업적·재능·품행 다섯 가지였고, 이를 토대로 농지 개혁, 세대 증식, 부역의 균등, 소송의 신속 처리, 도둑 단속 능력 등의 실적을 평가받았다고 합니다. 그 결과는 승진과 좌천, 포상과 처벌에 반영되는 중요한 근거 자료가 되었습니다.

특히 지방관들은 관찰사의 근무 평가에 따라 힘들고 내키지 않았던 지방 근무를 끝내고 중앙 관청으로 빠르게 복귀할 수도 있었습니다. 따라서 근무 성적 평가에는 당연히 긴장하고 민감해질 수밖에 없었습니다. 경상도 관찰사의 보좌 역할인 도사로 근무한 황사우의 『재영남일기在嶺南日記』에서도 근무 평가에 민감하게 반응하는 모습을 확인할 수 있습니다.

> 진주에 도착하니 진주목사, 하동현감, 남해현령 등이 우리 일행을 맞이했다. 인사를 마치고 나서도 우리를 맞이했던 여러 수령이 근무 성적 평가에 급급해하며 돌아가려 하지 않았다. 다음 날 새벽에 관찰사가 집무를 시작하여 관리들의 상반기 평가를 결정했다. 상이 8명이고, 중이 4명이었고, 하는 16명이었다. 자료는 봉해져서 서울로 보냈다.
>
> ○ 황사우, 『재영남일기』, 1519년 6월.

중앙 관리들은 힘든 지방 근무를 몹시 꺼렸습니다. 낯선 지역인 데다 서울보다 생활 여건이 열악하고 교통이 불편하다 보니 오가는 일도 위험했기 때문입니다. 심지어 세상에서 가장 하기 힘든 것이 지방관 노릇이라고 푸념하는 사람마저 있었습니다.

> 세간의 온갖 일은 모두 할 만하나 지방관 노릇만은 하기 어렵다. 근래 모두 피폐해져서 백성의 운명이 몹시 위태롭다. 너그럽게 하면 공사에 해가 되고 박절하게 하면 백성들을 병들게 한다. 게다가 안팎으로는 여러 상관 관서가 있어 지방관 스스

로 처리할 수 있는 일이 없다. 간사하고 교활한 아전들이 백방으로 속이니 현명한 사람이라도 두루 살피기 어렵고, 거짓 장부와 잘못된 법규가 여러 해 동안 답습되어 정성이 있는 자라도 관행을 벗어나기 어렵다. 저도 모르는 사이에 죄가 저절로 쌓여 오랜 시간이 지난 뒤에는 처벌이 반드시 따른다. 처벌을 면한 자들도 요행일 뿐 참으로 죄가 없는 것이 아니다.

○ 홍길주, 『수여연필(睡餘演筆)』.

그래서 지방에서 근무했던 관찰사나 수령들은 중앙의 권력가들에게 뇌물을 바쳐 중앙 관직으로 진출하려고 했습니다. 또한 수령들은 관찰사나 중앙 관리에게 뇌물을 주어 근무 성적 평가를 좋게 받거나 승진에 활용할 수 있는 든든한 인맥을 쌓아두고 싶어 했습니다. 지방 수령들은 자신의 승진을 위해 온갖 방법을 총동원해야 했기 때문에 백성들을 괴롭혔습니다.

전교하기를, "합천군수 윤공이 화약 115근과 철환 3천 개를 마련했으니 매우 가상하다. 승진시키도록 하라"고 지시했다. [이때에 수령과 변방 장수들이 상으로 주는 직책을 받고자 백성을 착취했다. 누구는 무기를 만들고, 누구는 군량을 마련하고, 누구는 보루나 성곽을 수리하고, 누구는 제방을 쌓고, 누구는 작은 도둑을 잡아 국가의 도적이라 하고, 누구는 백성을 시켜 호랑이나 표범을 잡게 해서 자신의 공으로 삼기도 했다.

그리고 궁궐을 세우는 토목공사를 하게 되자 누구는 재목을 바치고, 누구는 구리와 철을 바치고, 누구는 주춧돌을 바치면서, 밖으로는 권세 있거나 총애 받는 신하와 도모하고 안으로는 궁궐과 내통하여 높은 품계를 멋대로 차지했다. 심지어는 미천한 종마저도 수령이나 장군뿐만 아니라 귀한 자리에까지 오르게 되었다. 이 당시에 '쇠, 나무, 물, 불, 흙, 돌, 도적, 호랑이, 표범의 권원'이라는 비난이 일었다. 윤공은 본래 부자로서 유독 뇌물을 많이 썼다.]

○ 『광해군일기』(정초본) 61권, 1612년(광해군 4년) 12월 18일.

징계가 발생하는 다양한 이유

공무원의 의무를 위반해 문제가 발생하면 소속 기관은 행정상 제재인 징계를 할 수 있습니다. 징계는 공무원의 잘못된 행동을 바로잡아 내부 질서를 유지하는 데 가장 큰 목적이 있지만, 누군가 잘못된 행동을 하면 불이익을 받는다는 인식을 다른 사람들에게도 알려줌으로써 비위 발생을 사전에 예방하는 효과도 있습니다.

공무원은 다음 세 가지 중 어느 하나에 해당할 때 징계를 받습니다. 첫째, 법령을 위반했을 때입니다. 둘째, 직무상 책임져야 할 의무를 위반하거나 직무를 태만했을 때입니다. 셋째, 공무원으로서 체면이나 위신을 손상시켰을 때입니다. 이처럼 징계는 법령을 위반하거나 담당 업무와 관련된 의무나 직무를 태만히 했을 때는 당연히 할 수 있고, 음주운전·폭행 등으로 품위를 손상시킨 행위에도 가능합니다.

징계는 공무원 신분에서 발생하는 처분이기 때문에 형사 사건과는 관련이 없습니다. 그래서 형사 사건이 무죄 판결을 받더라도 징계 처분을 할 수 있습니다. 시대 흐름에 따라 징계 수준도 계속 바뀝니다. 대표적인 사례가 음주운전으로, 엄벌을 요구하는 시대 상황을 징계 수위에 반영했습니다. 지금까지는 2회 이상 적발되어야만 퇴출 대상이었지만, 이제는 일정 알코올 농도 이상이라면 음주운전 1회 적발만으로도 해임 이상의 중징계를 받을 수 있습니다.

「대낮에 면허 취소 수준의 음주운전을 하다 추돌사고 낸 경찰관 강등 중징계」 ○ 『연합뉴스』, 2022년 11월 4일.

또한 우월적 지위를 이용한 부당한 지시, 요구 같은 이른바 갑질이나 성희롱 등도 과거보다 엄격한 징계 대상으로 취급하고 있습니다.

「아들 카페 개업식 도와라 … '갑질' 국장에 중징계」

○ 『국민일보』, 2022년 8월 3일.

공무원의 징계 종류는 여섯 가지로 파면, 해임, 강등, 정직, 감봉, 견책입니다. 이 중 파면과 해임은 신분을 빼앗는 강력한 조치이며, 그 외에는 신분은 유지되지만 승진이나 보수, 연금 등에서 여러 불이익이 발생합니다. 2021년 국가공무원 징계를 보면 감봉·견책 등 경징계가 많았고, 중징계인 파면(50건)과 해임(174건)은 전체의

11.0퍼센트를 차지했습니다. 그리고 경찰과 교육공무원을 대상으로 한 징계(60.9퍼센트)가 절반 넘게 차지했습니다.

당연히 동일한 잘못을 저지르면 동일한 수준의 징계를 받아야 합니다. 그러나 실제로는 그렇지 않은 경우가 많습니다. 여러 징계 사례를 비교 분석한 조사에서는 언론에 보도되어 화제가 된 사건에는 비슷한 사례보다 징계 수위가 높아졌으며, 당사자의 직급이 높아질수록 징계 수준이 낮아지는 사례가 많다고 합니다.

징계는 개별 국가의 근무 환경이나 문화를 반영하는 것이기 때문에 나라마다 징계 사유도 다양합니다.

> 오사카부는 4월 건강의료부 소속 49살 직원이 2년 동안 담배를 피우기 위해 자리를 440회, 총 100시간 비웠다며 '훈고' 처분을 내렸다. 훈고는 가장 가벼운 징계이지만, 이 직원은 사직했다.
>
> ○「담배 많이 피운 공무원 사직 … '흡연 천국' 일본의 변화」, 『한겨레』, 2018년 6월 6일.

> 중국 산시성 시안시에서 코로나19 확진자가 계속 늘어나면서 코로나 대규모 확산 우려가 커지고 있다. … 정부 당국은 코로나19 방역 소홀에 대한 책임을 물어 26명 공무원에 대해 면직 등의 징계 처분을 내렸다.
>
> ○「시안 확진자 지속 증가, 코로나19 방역 소홀 관리 26명 처분」, 『뉴스핌』, 2021년 12월 24일.

조선 시대에는 죄인에게 내리는 형벌이 태형 · 장형 · 도형 · 유형 · 사형 다섯 가지였습니다. 목숨을 빼앗는 사형이 가장 강력한 조치였지만, 관료들은 대체로 사형 대신 유형에 해당하는 유배를 보냈습니다. 특히 정치적 다툼에 연루돼 유형에 처해지는 사례가 많아 관료들에게 유형은 그리 낯선 형벌이 아니었습니다.

당시 관료 조직 내에서 이루어지는 대표적인 징계는 파직이었습니다. 파직은 해당 직위를 그만두게 하는 것뿐 아니라 관리 신분을 소멸시키는 의미가 있었습니다. 결국 잘못된 행위에 대해 나중에 책임을 묻는 수단이었습니다. 주로 업무상 잘못으로 파직 처분을 받는 경우가 많았지만, 개인의 도덕성 문제로 파직되는 경우도 꽤 있었습니다.

관료들은 파직되더라도 짧게는 며칠 만에 복귀하기도 하고, 길게는 몇 년이 걸려서라도 대부분 관직에 다시 복귀했습니다. 실제로 파직된 관찰사를 대상으로 한 연구에서는 절반가량(43.7퍼센트)이 6개월 이전에 복귀했고, 상당수(67.3퍼센트)는 1년 이내에 관직에 돌아왔다고 합니다. 파직은 관직에서 배제시키는 강력한 징계 조치였지만, 대부분 빠른 시기에 복귀했기 때문에 징계의 실효성이 그다지 높지 않았던 것으로 보입니다.

조선 시대 관료들은 고의가 아닌 실수로 잘못을 했더라도 징계를 받았습니다.

| 헌납 김중일은 길에서 인평대군을 만났는데, 미처 말에서 내리

지 못했다고 한다. 인평대군이 크게 화를 내어 결국 벼슬에서 쫓겨났다. ○『인조실록』 47권, 1646년(인조 24년) 12월 29일.

| 임광백은 종묘 제례에서 실수로 술잔을 엎질렀다고 해서 의금부에서 잡아다가 죄를 논했다.

○『정조실록』 38권, 1793년(정조 17년) 10월 20일.

물론 본인 업무에 관한 잘못이라면 처벌의 강도는 당연히 더욱 커졌습니다.

| 종묘에서 제사를 지낼 때 11실 축문에 한 글자가 누락되었다. 이 때문에 향실의 담당 관리를 삭탈 관직하여 시골로 내쫓고, 축문 쓰는 관리는 곤장을 쳐서 귀양 보냈으며, 제관은 잡아다 심문하게 했다.

○『정조실록』 36권, 1792년(정조 16년) 10월 15일.

심지어 관리들은 공부를 게을리 한다고 조사 대상이 되기까지 했습니다. 홍문관 관리들에게 매달 글짓기 숙제인 월과를 내줬고, 봄과 가을에는 춘추 과시를, 경서를 대상으로 시험 보는 전경을 치러야 했던 것입니다.

| 홍문관 부제학 조광조, 교리 김구, 부교리 정응은 모두 월과

를 짓지 않았기 때문에 추궁을 당했다.

사신은 논한다. 조광조 등은 모두 월과를 짓지 않아서 추고를 당했다. 조광조는 본래 문장 짓기를 좋아하지 않았다. 김구와 정응은 모두 문장에 힘을 썼으나, 당시 사람들이 다른 학문을 귀하게 여기고 문장을 천시했기 때문에 글짓기를 좋아하지 않았으며, 월과 같은 것도 염두에 두지 않았다. 심지어 후배들에게 대신 짓게 하여 추고를 당하기까지 했으니, 선배 선비들이 모두 큰 잘못으로 여겼다. ◦ 1518년(중종 13년) 1월 23일

임금은 신하들을 격려하고 여흥과 친목을 위한 술자리를 열었습니다. 이 자리에서는 때때로 위험천만한 풍경이 펼쳐져 살얼음판 같은 분위기가 되기도 했습니다. 특히 세조는 술자리를 이용해 신하들의 충성심을 시험하기도 했습니다. 다음은 조선 전기 문신 조신이 쓴 『소문쇄록謏聞鎖錄』에 나오는 이야기입니다.

어느 날 연회에서 술에 취한 세조가 동갑내기 친구이기도 한 신숙주의 팔을 잡으면서 "당신도 내 팔을 잡으라"고 말했습니다. 역시 같이 취한 신숙주는 소매 속으로 손을 넣어 세조의 팔을 힘껏 잡았는데, 너무 세게 잡아당겨 비틀 정도였습니다. 세조가 아프다고 비명을 지르자 곁에 있던 세자의 안색이 변했습니다. 그렇지만 세조는 괜찮다며 술자리의 흥을 깨지 않았습니다.

이 모습을 곁에서 지켜보던 한명회는 술자리가 끝난 후 신숙주의 집까지 사람을 보내 신신당부했습니다. "자네는 평소 만취해도

집에 돌아가면 반드시 등불을 켜고 책을 본 뒤 잠자리에 드는 습성이 있네. 그러나 오늘은 절대 그래서는 안 되네. 곧바로 불을 끄고 잠자리에 들게."

평소처럼 책을 보던 신숙주는 한명회의 말을 듣고는 서둘러 잠자리에 들었습니다. 과연 세조는 한밤중에 넌지시 내시를 불러 '신숙주의 집에 가보라'고 지시했는데, '신숙주가 술에 취해 잠이 들었다'는 소식을 듣고서야 잠에 들었다고 합니다. 세조는 신숙주가 술에 취한 척하며 일부러 본인의 팔을 비튼 것이 아닌지 의심한 것으로 보입니다.

진심으로 한 말인지 술에 취해서 실수로 한 말인지 모르겠으나, 술자리에서 한 발언 때문에 극형인 참수형을 당한 경우도 있었습니다. 이번에도 세조 때 발생한 사건입니다.

1466년(세조 12년) 6월 8일 세조는 평안도 절제사로 근무하다가 돌아온 양정을 위로하기 위해 술자리를 열었습니다. 양정은 세조의 등극을 도운 계유정난의 공신이었지만, 이후 힘든 북방에서 오래 근무하면서 인사 불만이 컸습니다.

술에 취한 양정은 "전하는 이제 편히 쉬셔야 할 때입니다"라고 말했습니다. 세조가 정색하며 여러 차례 "나보고 물러나라는 거냐?"고 물었지만, 양정은 "저의 생각도 그렇고, 백성들의 민심도 그렇습니다"라고 답했습니다. 세조가 다시 "내가 죽고, 신숙주와 한명회는 물론이고, 양정 당신도 죽는다면 나랏일은 누가 다스리겠느냐?"고 물으니, 양정은 "차례차례 있게 될 것입니다"라고 대답했습니다.

이에 세조가 "그렇다면 옥새를 가져와 세자에게 전하라"며 왕위에서 물러나겠다고 폭탄선언을 해버리자, 모든 신하가 겁을 먹어서 벌벌 떨며 명령을 받들지 않았습니다. 그런데도 양정은 꼿꼿이 앉아 소리쳤습니다. "왜 어명을 받들지 않느냐. 승지들은 빨리 옥새를 가져오라." 결국 양정은 임금에게 '물러나라'고 강요했다는 이유로 참수까지 당하게 되었습니다.

정조는 다른 실수는 문제 삼아도 술 마시고 벌인 일에 대해서만은 관대했습니다. 물론 본인이 술자리를 워낙 좋아해 신하들에게도 많은 술을 마시도록 권유했기 때문에 그럴 수도 있습니다.

> 과거에 급제한 유생들을 모아 잔치를 할 때에 임금이 포부를 밝혔다. "옛사람의 말에 술로 취하게 하고 그의 덕을 살펴본다고 했으니, 너희들은 모름지기 취하지 않으면 돌아가지 않는다는 뜻을 생각하고 각자 양껏 마셔라."
>
> ○ 『정조실록』 36권, 1792년(정조 16년) 3월 2일.

심지어 밤늦게 술에 취해 실수한 양반에게는 도리어 포상을 내리기도 했습니다.

> 훈련도감이 아뢰었다. "지난밤에 흰옷을 입은 사람이 궁궐 담장 아래에서 술에 취해 누워 있기에 호패를 살펴보니 진사 이정용이었습니다. 성균관에 들어갔다가 술을 마시고 나서 야간 통금

에 걸린 줄을 몰랐다고 하는데, 법에 따라 형조로 넘겼습니다." 그러자 임금이 지시했다. "성균관 마을의 민가는 집춘영 건물과 지붕이 잇닿아 있으니 야간 통금을 범한 것으로 논할 수 없다. 근래에 조정 관료나 선비를 막론하고 주량이 너무 적어서 술의 풍류가 있다는 말을 듣지 못했다. 이 유생은 술의 멋을 알고 있으니 매우 가상하다. 군량 담당 부서에서 술 빚을 쌀 한 포대를 지급하여, 취하도록 마신 가운데 덕성을 관찰하는 뜻을 보여주라." ○『정조실록』 44권, 1796년(정조 20년) 4월 12일.

그렇지만 정조는 민간에 유행하는 잡담을 꾸민 패관잡기나 소설류는 강하게 배척했습니다. 궁궐에서 숙직 중에 청나라 통속소설을 읽다가 적발되었다는 이유로 파면당하는 관료마저 있었습니다.

위대한 업적을 자랑하는 세종도 뇌물 사건의 징계를 관대하게 처리해 문제가 되기도 했습니다. 조선 최대 뇌물 사건의 주인공으로 불리는 조말생에 관한 일입니다. 1426년(세종 8년) 3월 4일 병조판서이던 조말생은 형률에 교수형에 처하도록 한 80관의 거의 열 배가 되는 780관을 뇌물로 받은 사실이 밝혀졌습니다. 사헌부의 수장인 대사헌이 '조말생의 죄는 죽어도 남을 것인데 뻔뻔스럽게 조정에 들락거린다'라고 비난하면서 강력한 처벌을 요청할 정도였습니다. 그러나 조말생은 황해도로 잠시 유배되었다가 불과 2년 뒤 사면되고 말았습니다.

도리어 세종은 그를 함길도 관찰사로 잠시 보냈다가 의금부 제조(종1품)에 임명했습니다. 그러자 사헌부와 사간원 관료들은 "그의 머리를 그대로 가지고 여생을 보전하는 것만도 다행입니다. 조말생이 무슨 공덕이 있어 큰 죄를 용서받고 재상 반열에 오른다는 말입니까? 어찌 뇌물을 받은 자가 뻔뻔스럽게 앉아 죄인을 조사하여 진상을 규명할 수 있습니까? 의금부 제조라면 다른 관직에 비할 바가 아닌데, 이를 다스리게 한다면 이제 도둑이 도둑을 다스리게 하는 것이니 어찌 징계가 될 수 있겠습니까?"라며 집단 사표를 내면서 격렬하게 반대했습니다. 그럼에도 세종은 끝까지 임명을 철회하지 않았습니다.

조말생은 도리어 여러 차례 왕에게 본인의 비리 혐의가 억울하다고 명예 회복을 호소했지만, 세종은 그것까지는 들어주지 않았습니다. 이후에도 그는 여러 고위 관직을 계속 거치다가 세상을 떠났습니다. 그렇지만 조선왕조실록에는 조말생에 대해 "기개와 풍채가 크고 일 처리에 너그럽고 후덕하여 태종 임금께서 소중한 그릇으로 여겼으나, '옥에 티'가 오점이 되어 끝끝내 정승이 되지 못했다"라며 끝내 그를 권력형 부패 관료로 낙인찍었습니다.

침묵과 눈치만 가득한 회의

공무원들이 근무하는 각 과에서는 매주 반복되는 익숙한 풍경이 있습니다. 국장 방에서 회의를 마치고 돌아온 과장이 말합니다. "잠시 회의 좀 합시다." 다들 가운데 탁자로 둘러앉는데, 자리는 과장부터 과의 서열 순서와 거의 일치합니다.

과장은 먼저 본인이 써온 전달 사항을 읽기 시작하고, 잠시 후 처리할 일을 논의하기 시작합니다. 대부분 형식적인 전달 사항이지만, 모두들 고개를 푹 숙인 채 부지런히 업무 수첩에 무언가를 쓰고 있습니다. 간혹 의견도 오가지만, 대부분 과장과 한두 사람 사이의 대화일 뿐입니다. 나머지는 그냥 멍한 표정으로 대화를 지켜볼 뿐입니다. 어쩌다가 말이 끊기고 어색한 침묵이 흐르면 과장이 누군가를 쳐다보면서 한마디를 합니다. "그럼 막내부터 차례대로 의견을 말해

볼까?"

의견 수렴을 위해 시작한 회의는 직원들의 진솔한 생각을 들어 보겠다는 취지였지만, 회의에서 하급 직원의 의견이 실제로 받아들여지는 일은 거의 없습니다. 그런 상황에 익숙해진 공무원들은 아예 입을 다물게 됩니다. 결국 회의를 소집한 상관의 긴 연설을 들은 다음에야 회의를 마칩니다.

애초에 수평적인 조직 구조가 아니라면 이런 회의는 큰 의미가 없습니다. 상부의 지시 사항을 전달하는 경우가 아니라면, 회의 목적은 대부분 일을 배분하기 위해서거나 새로운 아이디어를 발굴하기 위해서입니다. 그런데 왜 사람들은 회의에서 침묵할까요? 이유는 사실 뻔합니다. 의견을 말하면 그건 바로 내 일이 되고, 내 의견을 돕거나 지지해주는 사람은 회의가 끝나자마자 사라지기 때문입니다. 이런 현실은 모두 숱한 경험으로 이미 잘 알고 있습니다.

젊은 공무원들일수록 회의 문화에 불만이 많습니다. 불필요하게 사용되는 시간이 너무 많다는 것입니다. 특히 회의 준비를 위해서 지나치게 긴 시간을 보내기 때문에 정작 실제 해야 할 자신의 일에 집중하기 어렵다고 합니다. 회의를 준비하고, 결과를 정리하고, 보고하기까지 많은 시간과 에너지를 쏟는 문제가 생깁니다. 막상 회의에 참석해서도 고민이 많습니다. 용기를 내서 나름 참신한 아이디어를 내려고 하면 젊은 친구가 너무 나댄다는 시선을 받기도 하고, 그냥 받아쓰기 역할만 하기에는 너무 지루하고 답답하기 때문입니다.

실제 공무원 회의 문화가 경직되고 불필요한 격식이 많음을 보여주는 대표적인 사례가 바로 '윗분을 위한 말씀 자료' 만들기입니다. 일하면서도 '이런 것까지 왜 하나' 싶기는 하지만, 수요가 있기 때문에 공급도 발생하는 것입니다.

> 어쨌든 회의가 많다 보면 고생하는 사람은 공무원들이다. 회의 자료 준비 때문에 눈코 뜰 새 없는 것이다. 이때 가장 짜증나는 일이 바로 '윗분을 위한 말씀 자료' 만들기다. 꼭 필요한 일을 할 때에는 힘든지 모르지만 별로 필요치 않다고 생각된 일을 할 때에는 정말 피곤한 법이다. 말씀 자료란 것부터가 권위주의 시대의 산물이다. 권위적인 조직 문화에서는 아랫사람들이 윗사람을 잘 모시기 위해서 할 수 있는 일은 뭐든지 하기 마련이다.
>
> 그런데 더 우스꽝스러운 일이 있다. 말씀 자료를 만들다 보면 높은 분은 마치 아무 생각도 없는 멍청이라고 전제하는 꼴이 되는 것이다. 높은 분은 '바쁘신 중에도 이렇게 참석해주셔서 고맙습니다'라는 인사말도 못하는 사람 취급을 받는다. 나 같으면 '쓸데없이 이런 걸 왜 만들어, 하지 마!'라고 하리라. 그런데 실제로는 그런 말씀 자료를 챙기는 높은 분들이 의외로 많다.
>
> ○ 정두언, 『최고의 총리, 최악의 총리』, 나비의활주로, 2011.

민간 기업의 회의라고 해서 공무원 조직과 크게 다른 것 같지는 않습니다. 2017년 대한상공회의소가 직장인 1000명을 대상으로 국내 기업들의 회의 문화에 대한 설문조사를 실시한 적이 있습니다. 직장인들은 1주에 평균 3.7회, 매번 51분씩 회의를 하는데, 그중 절반인 1.8회는 불필요하다고 생각했습니다. 게다가 회의 중 15.8분(31퍼센트)은 잡담, 스마트폰 보기, 멍 때리기 등으로 허비한다고 합니다. 그래서 1.2회 회의에서는 거의 발언조차 하지 않고 있었습니다. 이렇게 비효율적인 회의가 계속되는 이유는 일단 모이고 보는 습관적인 행태가 여전히 많고, 답은 이미 정해놓고 대답만을 강요하는 분위기에다 명확한 결론 없이 끝나는 회의가 대부분이기 때문이라고 답했습니다.

현대 경영학의 창시자인 피터 드러커는 "회의는 나쁜 조직의 징후다. 회의는 적을수록 좋다"고 말했습니다. 세계를 선도하는 글로벌 기업일수록 불필요한 회의로 낭비하는 시간을 줄이기 위해 나름의 회의 운영 원칙을 세우고 있습니다. 이들의 공통 원칙은 꼭 필요한 인원만 회의에 참석하고, 사전에 정한 회의 시간을 엄격히 지키는 것입니다. 또한 뚜렷한 목적을 가지고 회의하고, 끝난 후에는 참석자 각자의 책임을 명확하게 할당하도록 하고 있습니다.

조선 시대에도 임금과 관료 사이에 많은 회의가 열렸습니다. 대표적인 것이 임금에게 유교의 이념을 가르치는 경연이었습니다. 고려 때에도 경연은 있었지만, 실질적으로 활성화된 것은 조선 때부터입니다. 임금은 거의 매일 10여 명의 핵심 관료가 참여하는 경연에 참석해야 했고, 경연은 유교 공부뿐 아니라 현실 정치 문제도 자연스레 논의하는 회의 자리로 진행되기 십상이었습니다.

권력자인 임금과의 회의는 언제나 어렵고 긴장되는 시간이었습니다. 당연히 신하는 임금 앞에서 아무리 사소한 말과 행동이라도 신중해야만 했습니다. 그러다 보니 혹여 실수라도 할까 봐 잔뜩 긴장할 수밖에 없었습니다.

> 정광필이 아뢰기를 "아랫사람이 들어가 뵐 때에는 항상 엎드려 낯을 숙이게 되니, 혹 아뢰고 싶은 말이 있더라도 기가 죽어서 다 하지 못합니다. 바르게 앉혀서 얼굴을 숙이지 않고 말을 다 하게 되면 임금께서도 그 사람의 기색을 살필 수 있을 것입니다"고 하니, 임금이 "이전에 재상 중에서도 불편하다고 말한 자가 있었다. 바르게 앉아서 말을 다하도록 하라"고 일렀다.
>
> ○ 『중종실록』 18권, 1513년(중종 8년) 9월 6일.

실제로 임금 앞에서 말을 실수하면 처벌까지 받는 사례도 있었으니 주눅이 들어 말도 제대로 못하는 것은 어찌 보면 당연한 것이었습니다.

> 판중추원사 이징석이 아뢰다가 말을 실수하니, 즉시 의금부에 하옥했다가 얼마 뒤에 풀어주었다.
>
> ○ 『세조실록』 3권, 1456년(세조 2년) 4월 12일.

이런 엄숙한 회의 분위기 때문에 목소리도 감히 크게 하지 못하고 지나치게 엎드려서 말하다 보니 숨이 가빠 기어들어 가는 소리를 내는 신하도 있었습니다.

> 임금이 말했다. "경의 말이 지당하다. 근래에 으레 말소리를 낮추니 어떤 때는 다 들을 수가 없어서 경연이 끝난 뒤에 승지에게 묻고 나서야 알게 된다. 그러니 매우 부당한 일이다." [지난번 정언 이팽수가 경연에서 아뢸 때에 심히 작게 말하니, 사관도 듣지 못해서 사사로이 이팽수에게 물어서 기록했다.]
>
> ○ 『중종실록』 81권, 1536년(중종 31년) 1월 11일.

그러나 모든 신하가 그랬던 것은 아닙니다. 암행어사의 대명사가 된 박문수의 사례를 보면 알 수 있습니다. 물론 영조와 오랜 친분으로 친밀한 관계였기 때문에 가능한 일이었습니다. 박문수는 까칠하고 비타협적인 성품 탓으로 정치적인 공격에 시달렸지만, 영조는 일찍부터 그의 인간성과 능력에 호감을 가졌다고 합니다. 박문수는 자신을 지지해준 영조를 위해 평생 충실히 일했습니다.

1733년(영조 9년) 1월 25일 임금과의 회의 도중에 박문수가 언성을 높이고 임금의 얼굴을 똑바로 쳐다보았다고 합니다. 그 예의가 엄숙하지 못하다고 우의정이 박문수를 조사할 것을 요청했습니다. 그러자 박문수는 이렇게 반박합니다. "옛이야기를 보면 경연 자리에서 대신은 꿇어앉고 신하는 손을 잡고 반만 구부리게 되어 있지, 일찍이 엎드리는 일은 없었습니다. 요즈음 조정의 정국이 자주 바뀌게 되어 신하들이 겁을 먹고 모두 코가 땅에 닿을 정도로 엎드립니다. 임금과 신하는 아비와 자식 같은 것인데, 아들이 아버지의 얼굴을 쳐다본다고 하여 도리어 무슨 손상이 되겠습니까? 이것이 조정의 체통을 잃은 것입니다."

영조와 박문수의 특별한 친밀함을 잘 보여주는 일화는 또 있습니다. 1736년(영조 9년) 12월 박문수는 영조에게 지나치리만큼 거침없는 조언을 합니다. "임금께서는 똑똑함이 너무 지나치나 학식이 부족하여 작은 일은 살피지만 간혹 큰일을 잃기도 하십니다. 앞으로 긴급하지 않은 문서는 제거해 없애고 필요한 공부를 하시며, 전날의 잡다한 것을 버리신다면 국가를 계속 유지할 수 있을 것입니다. 제가 드리는 얘기는 낮이 지나고 밤을 새워도 다 말씀드릴 수 없으니, 어리석은 충정이 답답하게 맺힌 나머지 거의 미쳐버릴 것 같습니다."

굉장히 위험하고 무례할 수 있는 발언이었지만, 영조는 그냥 웃으면서 도리어 그를 칭찬하기까지 합니다. "박문수의 성품에 대해 사람들은 거칠다 하지만, 나는 당연하다고 생각한다. 이후로 만약 말할 만한 것이 있으면 또 들어와서 말하라. 깊이 생각하고 널리 염려하여 일을 맡아 효과를 이루며, 백성들로 하여금 국가가 있음을 알게 하는 사람은 그대가 아닌가."

그렇지만 심각하고 엄중한 궁궐 회의에서도 신하가 임금 앞에서 졸기도 하고, 임금이 참석한 회의장에 난잡하고 어수선한 일이 일어나기도 했습니다.

| 우의정으로 승진한 강사상은 조정에 몸담은 지 10년이 되었으나, 현안 문제들에 대해서는 한 번도 언급하지 않았다. 경연에 들어갈 때마다 엎드려 졸았다. 어떤 때는 소리 내어 코를 골기도 했다. 옆에 있는 사람이 일부러 깨워놓으면 또다시 잠들곤 했다. ○『선조수정실록』 12권, 1578년(선조 11년) 11월 1일.

| 어제 대궐 뜰에서 조회를 열 때에 각 관청의 하인들이 분주하게 다니면서 신하들이 서 있는 사이를 가로막고 난잡하게 떠들고 하여 조회의 모양새를 이루지 못했습니다.

○『숙종실록』 32권, 1698년(숙종 24년) 10월 24일.

심지어 임금과의 회의 중에 신하들끼리 시비가 붙어 큰소리로 욕을 하며 싸움을 벌이는 일도 있었습니다.

| 안효례가 최호원과 각자 의견을 고집하다가 서로 비난했다. 최호원이 안효례에게 "너는 백정의 자손이다"라고 말하니, 안효례가 "과연 내가 백정 자손이라고 한다면, 너는 곧 내 아들이다"라고 말했다. 말하는 것이 모두 이따위였다. 성난 목소리로 서로 욕하면서 싸움을 그치지 않았다.

그러자 대사헌 양성지가 안효례의 불손한 죄를 탄핵하기를 요청했다. 임금은 "이 무리는 본래 심심풀이하고자 들어오게 한 것이니 따질 것이 못 된다. 그대로 두라"고 일렀다. 안효례가 극

렬히 변론하기를 그치지 않자 양성지가 눈을 부릅뜨고 꾸짖었다. "네가 진실로 이처럼 하면 내가 마땅히 엄중히 탄핵하겠다." 안효례가 조금 누그러졌으나, 여러 신하들은 오히려 양성지의 탄핵이 엄하지 않은 것을 한탄했다. 신숙주가 물러나 최호원에게 "안효례는 족히 이를 것이 못 되나 너도 그 책임을 면할 수 없을 것이다. 다시는 이처럼 하지 마라"고 타일렀다.

○ 『세조실록』 47권, 1468년(세조 14년) 8월 14일.

점점 어려워지는 민원 처리

공무원에게는 국민 전체의 봉사자로서 친절하고 공정하게 직무를 수행해야 하는 친절과 공정의 의무가 있습니다. 그리고 민원 처리 담당자는 담당 민원을 신속하고 공정하고 친절하고 적법하게 처리해야 하며, 민원인에게는 이러한 응답을 받을 권리가 있습니다.

민원은 행정기관에 인허가, 불편 해소와 같은 행정처분을 요구하는 것을 말합니다. 예전에는 행정기관을 직접 방문하거나 우편을 통해서 제출해야 했지만, 요즘은 인터넷을 통해서도 쉽게 민원을 접수할 수 있습니다. 민주주의 국가에서 국민이 불편을 겪고 있거나 개선이 필요한 요구 사항을 권한이 있는 행정기관에 요청하는 것은 정당한 일입니다. 행정기관은 문제 해소를 위해 노력하는 것이 당연한 의무입니다. 그러나 모든 일이 그렇듯이 그 정도가 지나치면 문제가 발생합니다.

> 경상남도청 공무원노조 위원장: "민원실에 찾아와서 불을 지르는 민원인이 가평에서 있었습니다. 횟집에서나 사용하는 칼을 들고 와서 용인시청에서는 흉기를 휘두르기도 했습니다."
>
> ○「민원인 갑질에 시달리는 공무원들 … "우리도 법적 보호 받아야"」, 〈YTN〉, 2021년 11월 10일.

공무원이 되고 난 뒤 많이 듣는 말 중 하나가 "네가 누구한테 월급 받는 줄 알아?"입니다. 공무원은 국민이 내는 귀중한 세금으로 월급을 받는 존재이니 분명 맞는 말입니다. 그렇지만 국민에게 월급을 받는다는 것이 욕설이나 협박을 들어야만 할 정당한 이유가 되지는 않습니다. 공무원 또한 똑같이 세금을 내는 국민의 한 사람입니다.

> A씨는 3일 "하루에 39번 전화를 걸어 반말로 자신의 요구가 관철될 때까지 집요하게 괴롭히더니, 심지어 '네 에미, 애비가 그렇게 가르쳤냐, 똑바로 하라'는 막말까지 퍼부었다"며 …. 경북 포항시청사 대중교통과장은 갑자기 7층 사무실로 올라온 60대 민원인 C씨가 뿌린 염산으로 추정되는 액체에 각막이 손상됐다.
>
> ○「공무원이 좋다고요? 손도끼까지 든 민원인 횡포에 무너집니다」, 『한국일보』, 2021년 11월 4일.

특히 정부 정책이 국민에게 직접 전달되는 현장 업무를 담당하는 지방자치단체 공무원들은 민원 때문에 많이 힘들어하고 있습니다. 고양시 공무원 450명을 대상으로 한 조사에서는 90퍼센트 이상이 악성 민원에 시달린 경험이 있다고 답변했습니다. 특히 10퍼센트 정도는 악성 민원으로 모멸감을 느꼈고, 우울증이나 불면증까지 겪어 휴직을 고려한 적이 있다고 답하기도 했습니다. 아무래도 선출직인 지방자치단체장은 유권자인 민원인의 눈치를 살필 수밖에 없어 소극적인 방어에 그치고 있고, 폭언과 폭행을 대응할 법적 보호 장치도 미흡하기 때문입니다.

행정안전부 조사 결과 전화 · 방문 등을 포함한 민원인 위법 행위는 2018년 3만 4484건에서 2019년 3만 8054건, 2020년 4만 6079건으로 매년 늘고 있습니다. 특히 협박은 2018년 2924건에서 2020년 3만 4878건으로 급증한 것으로 나타나기도 했습니다.

공무원은 민원인에게 규정과 내용에 따라 해결책을 내놓아야 할 의무가 있습니다. 만약에 답을 엉뚱하게 한다면 그 책임은 오롯이 답을 한 담당자가 져야 하기 때문에 더욱 신중해질 수밖에 없습니다. 물론 잘못된 문제에 대한 지적은 고쳐야 하고, 받아들여야 할 비판도 있습니다. 그렇지만 대부분은 비슷한 질문이나 요구를 지속적으로 받기 때문에 거의 똑같은 대답을 할 때가 많습니다. 또한 수권자인 국민을 응대하고 소통해야 하는 민원 업무는 매우 중요한 일이지만, 본인이 맡은 수많은 업무에서 차지하는 비중은 대부분 미미합니다. 결국 민원 처리는 들어가는 시간과 노력에 비해 성과로 인정받기 어려운 구조라고 볼 수 있습니다.

때로 일반 국민의 시각에서는 합당한 민원 제기인데 공무원들이 들은 척조차 안 하는 것으로 보일 수도 있습니다. 그러나 행정이 다양화하고 복잡해지면서 공무원 개인이 독자적으로 결정하고 실행할 수 있는 권한은 줄어들었습니다. 결정 권한은 줄고 검토해야 할 변수는 늘어나니 당연히 행정은 답답해 보일 정도로 느려지게 된 것입니다. 요즘은 휴대폰 대화 녹음 등이 빈번해 말 한마디라도 실수했다가는 그 말을 오롯이 책임져야 하기 때문에 공무원들은 더욱 조심할 수밖에 없습니다. 공무원 업무가 여전히 최고 의사결정권자 중심으로 돌아가는 점도 처리 속도를 느리게 만드는 이유입니다. 여러 보고 사항이 검토를 거쳐 결재권자에게 비슷한 시기에 몰리면 결재가 지연되는 병목 현상이 일어날 수밖에 없습니다.

민원에 대해서는 공무원과 민원인 양측의 불신을 해소할 방안을 마련하는 노력이 필요합니다. 지금처럼 억울한 점이 해소되지 않아 감정이 많이 상한 민원인과 이를 정면으로 맞서야만 하는 공무원 사이의 문제로만 내버려둔다면 양측의 악감정만 높아질 뿐 문제 해결에는 아무런 도움이 되지 않습니다.

〈KBS 뉴스〉 2022년 8월 6일 기사 「행정복지센터 공무원은 왜 민원인을 때렸나?」는 어느 구청의 30대 공무원이 50대 민원인을 마구 때려 전치 6주의 상해를 입히고 벌금 300만 원을 선고받은 사건을 다룹니다. 두 사람은 2016년부터 폭행과 욕설로 오랜 악연을 이어온 사이로, 두 사람 모두 여러 차례 벌금과 집행유예 처분을 받았습니다.

조선 시대에는 백성들이 억울한 일을 당했을 때 이를 호소하는 민원 처리 제도를 두었습니다. 조선의 기본 법전인 『경국대전』에는 일반적인 민원 제도와 처리 절차를 규정하고 있습니다.

> 원통하고 억울한 일이 있는 자는 서울은 담당 관청에, 지방은 관찰사에게 올린다. 그러한 이후에도 억울한 일이 있으면 사헌부에 신고한다. 그런 후에도 다시 억울한 일이 있으면 신문고를 친다. 신문고는 의금부에서 당직을 서는 곳에 있다. 무릇 올린 말은 당직을 서는 관원이 사헌부에서 각하한 문서를 살펴보고 나서 받을 수 있는 내용이면 받아 임금에게 보고한다. 의금부나 사헌부에서 처리한 것은 살피지 않는다. —

지금도 억울함을 호소하는 수단의 대명사로 쓰이는 신문고는 조선 태종 때 처음 만들어졌습니다. 중국 송나라 때의 등문고에서 착안한 것이라고 합니다. 현재 종로에 있는 종각 건너편에 위치해서 신문고가 울리면 경복궁이나 창덕궁까지도 어렴풋이 소리가 들렸다고 합니다.

> "정치의 잘잘못이나 백성들의 기쁨과 걱정에 대해 무엇이든 말하고 싶은데, 의정부에 제기하여 뜻을 이루지 못하면 즉시 와서 신문고를 쳐라. 말이 쓸 만하면 바로 채택하여 받아들일 것

이다. 비록 말이 맞지 않더라도 너그럽게 용서하여 주리라."

◦『태종실록』 3권, 1402년(태종 2년) 1월 26일.

이후 태종은 신문고 처리 절차를 구체화해서 정당한 사유로 북을 친 사람에게는 상을 주고, 부당하게 다른 이를 모함한 사람은 처벌하도록 했습니다. 그렇지만 억울함을 직접 호소할 수 있을 것이라는 백성들의 기대와는 달리, 의금부 앞에 설치된 신문고를 힘없는 자들이 두드리는 건 무척이나 어려운 일이었습니다. 살벌한 의금부 관리를 보고 제풀에 기가 죽어 그냥 돌아가기도 하고, 주인이나 상관을 고발할 수 없도록 제한했기 때문입니다.

세조 통치 시기에는 신문고 제도가 잠시 폐지되기도 했고, 성종 때 다시 부활했습니다. 그렇지만 표창 규정은 사라지고 처벌 규정이 강화되어 민초들이 더욱 접근하기 어려워졌습니다. 이후 다시 오랫동안 자취를 감췄다가 영조 때인 1771년에 잠시 되살아났지만, 오래된 사건도 파헤쳐 오히려 혼란만 부추긴다는 이유로 결국 사라졌습니다.

일반 백성들은 접근이 어려운 신문고 대신 직접 임금에게 억울함을 호소하는 상언上言과 격쟁擊錚을 주로 활용했습니다. 반면 신분이 높고 글을 잘 아는 양반들은 주로 상소를 올렸습니다. 정조 때 접수된 상언과 격쟁은 총 4427건이었고, 이 중 상언이 3092건이고, 격쟁은 1335건이었다고 합니다.

상언은 한문으로 문서를 직접 작성해 임금에게 올리는 것을 말합니다. 당연히 글을 쓸 수 있는 양반과 중인들이 주로 활용했습니다. 상소가 대개 공무원이나 유생들이 올린 글이라면, 상언은 개인 자격으로 올리는 글이었습니다. 상언은 주로 임금이 지나가는 길목에서 기다리다가 행렬 안으로 뛰어들어 상언별감에게 제출했습니다. 접수를 받은 승정원은 담당 관청으로 이관해 조사하고 검토한 뒤 국왕에게 결과를 보고했습니다. 임금이 행차하면 억울한 사연을 담은 상언이 많이 접수되었습니다.

> 어가가 행차하는 도중에 올린 상언 150여 통을 판결하여 처리했다.
> ○ 『정조실록』 21권, 1786년(정조 10년) 2월 26일.

격쟁은 억울한 백성이 임금이 지나가는 길가나 궁궐 밖에서 징이나 꽹과리 등을 이용해 사람들의 이목을 집중시킨 다음, 왕에게 직접 억울함을 호소하는 방식이었습니다. 격쟁은 글에 익숙하지 않은 평민이나 천민들이 주로 활용했습니다. 왕에게 바로 하소연할 수 있는 장점이 있지만, 이마저도 쉬운 일은 아니었습니다.

격쟁을 하면 형조에서 조사해 3일 안에 내용을 보고하는데, 이 기간 동안 감금된 상태로 조사를 받아야 했습니다. 게다가 만약 격쟁이 받아들여지지 않으면 곤장 등 처벌도 받아야 했습니다. 1658년(효종 9년) 8월 고령 사람인 배순룡은 격쟁을 했다고 형벌을 받다가 죽는 사고까지 있었습니다. 힘없는 백성들은 격쟁의 부담을 알면서도 억울함을 해소할 수단이 마땅찮았기 때문에 이를 많이 활용했고, 심지어 어린아이들도 격쟁을 활용했습니다.

> 함경도 북청에 사는 어린아이 조문창이 격쟁하여 억울함을 호소하니, 형조에게 그 사유를 물어서 보고하도록 지시했다. … 임금은 불쌍히 여겨 아이의 아비인 조유관을 풀어주도록 명령했다.
>
> ○『숙종실록』 21권, 1681년(숙종 7년) 5월 1일.

격쟁과 관련해서는 흑산도 주민 김이수의 유명한 일화가 전해집니다. 1791년(정조 15년) 1월 18일 정조가 수원 화성 행차를 다녀오던 길이었습니다. 수많은 백성 사이에서 김이수가 요란한 꽹과리를 치면서 임금 행렬 안으로 뛰어들었습니다. 그는 "닥나무도 생산되지 않고 종이를 제조할 수도 없는데 세금을 내라는 것은 마치 거북이 등에서 털을 깎아 오라는 것과 다를 게 없습니다"라며 섬 주민들에게 부과된 과도한 닥나무 세금을 없애달라고 했습니다.

당시는 각 지역마다 특산물을 세금으로 바치는 공납 제도를 운영했습니다. 문제는 흑산도에 있지도 않는 닥나무를 특산물로 지정해 이를 국가에 바치도록 한 것이었습니다. 그러자 흑산도 백성들은 닥나무를 다른 지역에서 어렵게 구입해서 바치거나 큰돈을 대신 내야 했습니다.

김이수는 관가에 부당한 세금 문제를 여러 차례 호소했습니다. 하지만 전혀 개선되지 않자 최후 수단으로 직접 임금까지 찾아온 것입니다. 당시 흑산도에서 목포까지 오는 데 배로 보름 정도 걸렸다고 하니, 서울까지 오려면 한 달이 훌쩍 넘는 먼 길이었습니다. 결국 정조는 이 문제에 대한 현장 조사 결과를 보고받고, 약 4개월 뒤인 5월 22일 흑산도의 닥나무 세금을 없애라고 지시했습니다. 김이수의 용기 있는 행동과 백성들의 억울함을 적극적으로 해결하려 한 정조의 결단이 어우러진 결과였습니다.

> "흑산도는 땅이 척박하여 닥나무의 뿌리가 거의 없어졌습니다. 매번 종이를 뜨는 일이 생길 때면 어른과 아이를 가리지 않고 8세부터 40세까지의 남자에게 닥나무 껍질 1만 2900근의 대가로 돈 500냥을 규정으로 정해 받아들이는 것이 잘못된 규례가 되고 말았습니다." ◦『정조실록』 32권, 1791(정조 15년) 5월 22일.

이후 격쟁을 지나치게 남발해 사회 기강이 무너진다며 격쟁 제도를 폐지하라는 주장이 계속되었지만, 격쟁에 대한 정조의 의지는 확고했습니다.

> 불쌍한 저 고할 데 없는 백성들이 가슴에 깊은 원한을 품고 분주히 와서 호소하는 것이니 이것은 마치 어린아이가 부모에게 하소연하는 것과 같다. 저들은 실로 죄가 없다. 그렇게 만든 자들이 죄인이다. ◦『홍재전서』(정조의 문집), 1794년.

조선 시대의 신문고와 상언, 격쟁은 제한적이고 한계가 분명했지만, 억울한 백성들의 목소리에 임금이 직접 귀를 기울이고자 노력했다는 점에서 높이 평가할 만한 제도입니다.

4.

공무원이 지켜야 할 의무

청렴해야 한다

> 군자의 학문은 수신이 반이고, 나머지 반은 목민이다. 오늘날 백성을 다스리는 자들은 오직 거두어들이는 데만 급급하고 백성을 기를 줄은 모른다. 이 때문에 백성들은 여위고 시달리고, 시들고 병들어 쓰러져 굶어 죽은 시체가 진흙 구렁텅이를 메우는데, 그들을 기른다는 자들은 화려한 옷과 맛있는 음식으로 자기만을 살찌우고 있다. 어찌 슬프지 아니한가? 심서心書라 한 것은 무슨 까닭인가? 목민할 마음은 있으나 몸소 실행할 수 없기 때문에 '심서'라 이름 한 것이다.

다산 정약용의 책 『목민심서』에 나오는 구절입니다. 그는 국가를 이끌어가는 관리들의 청렴함은 나라의 근간이 되고 나라가 평안할 수 있는 기본이 된다고 주장했습니다.

표준국어대사전에는 청렴을 성품과 행실이 높고 맑으며, 탐욕이 없는 것이라고 정의하고 있습니다. 국가공무원법 제60조는 청렴 의무를 구체적으로 규정하고 있습니다.

> 공무원은 직무와 관련하여 직접 또는 간접을 불문하고 사례·증여 또는 향응을 수수할 수 없으며, 직무상의 관계 여하를 불문하고 그 소속 상관에게 증여하거나 소속 공무원으로부터 증여를 받아서는 아니 된다.

이 규정의 취지는 공무원의 직무와 관련된 금품 수수를 방지해 직무 행위가 금품으로 사사로이 사고팔 수 없는 행위('불가매수성')임을 보호하고, 직무 집행의 적정성을 보장하기 위한 것입니다. 따라서 상대방에게 적극적으로 금품을 요구하고 직무와 관련된 불법적인 이익을 줄 것을 제안만 해도(설령 돈을 받지 않았더라도) 청렴 의무를 위반한 것으로 보고 있습니다.

공무원이 청렴하려면 부패와 관련된 일을 가까이 하지 않아야 합니다. 부패는 불법이나 부당한 방법으로 재물, 지위, 기회와 같은 사회적 이익을 얻거나 다른 사람이 그 이익을 얻도록 돕는 일탈 행위입니다. 부패는 한자로는 썩을 부(腐)와 무너질 패(敗)로 표기하는데, 말 그대로 썩어서 무너진다는 의미입니다. 영어로는 corruption으로 표기하는데, 라틴어 어원이 cor(함께)와 rupt(파멸하다)로 함께 파멸한다는 뜻입니다.

특히 정치와 경제가 부도덕하게 연결되어 발생하는 여러 특혜는 생산 비용의 증가, 기술 개발과 기업 활동의 유착으로 이어지기 마련입니다. 공금을 횡령하거나 탈세를 눈감는 것은 공공 부문 생산성의 저하와 국가 재정 수입의 감소로 연결될 수밖에 없습니다. 결국 사회적 부패는 국가 경쟁력을 떨어뜨리는 원인이 됩니다.

> 너는 뇌물을 받지 말라. 뇌물은 밝은 자의 눈을 어둡게 하고, 의로운 자의 말을 굽게 하느니라. ○「출애굽기」 23:8.

부정부패하면 대표적으로 떠오르는 것이 뇌물입니다. 뇌물은 동서고금의 공통적인 사회악이었습니다. 기원전 1750년경 최초의 성문법인 함무라비 법전에도 뇌물 금지 규정이 있었습니다. 고대 이집트에서도 뇌물을 '공정한 재판을 해치는 선물'이라며 금지했습니다. 우리나라도 이미 백제 때 관리가 뇌물을 받으면 도적과 동일하게 받은 재물의 세 배를 배상하고 평생 금고의 형벌을 받는다고 기록되어 있습니다.

뇌물은 실체가 명확한 것 같지만 법적·도덕적 경계가 애매한 어려운 문제입니다. 수억 원을 받더라도 대가성이 없다는 이유로 뇌물이 아닌 것으로 결론 나기도 하고, 상대적으로 적은 금액을 받았는데도 뇌물로 처벌받기도 합니다.

| 「대법, '7억 뇌물 수수' 혐의 서울시 공무원 무죄 확정」
○ 『아시아투데이』, 2017년 11월 26일. ―

| 「뇌물 6만 원 받은 공무원 '해고'」
한 개당 2만 원인 화장품 3개 세트를 받은 춘천시 6급 공무원이 유죄 판결을 받아 해고되었다. ○ 〈춘천MBC〉, 2023년 2월 3일. ―

이런 일을 접하면 많은 사람이 '유전무죄, 무전유죄'라며 분노하기도 합니다. 심증은 있지만 확실한 증거를 적발하지 못하면 그런 결과는 충분히 발생할 수 있습니다. 금융 시스템이 전산화되고 회계가 투명해진 이후에는 예전처럼 직접적으로 뇌물을 주고받는 사례는 찾기 어려워졌습니다. 그러나 그 방법이 더 교묘하고 은밀해졌을 뿐 완전히 사라졌다고는 보기 힘듭니다.

| 감사원에 따르면 대전시 상수도본부 A팀장은 2019년, 대학 겸임교수로 있는 하청 업체 대표 B씨에게 자신의 석사학위 논문 대필을 요구했습니다. A씨는 … B씨 업체를 과제에 참여하게 했습니다. 그러면서 B씨에게 해당 연구 과제와 관련한 학술 발표회 관련 비용을 부담시키는가 하면, 고깃집이나 유흥주점에서 비용을 내게 하는 등 모두 380만 원의 향응이나 접대를 받았다고 감사원은 밝혔습니다.
○ 「감사원 "하청 업체 대표가 논문 대필 … 대전시 공무원

수사 의뢰」, 〈KBS 뉴스〉, 2022년 8월 11일.

외국에서도 공무원들의 금품 수수에 대해서는 예외 없이 엄격하게 대처하고 있습니다. 미국은 '연방정부공무원 윤리 강령'에 따라 1회에 20달러, 연간 50달러 이상의 금품을 받을 수 없게 했습니다. 이를 어기면 최고 15년의 징역형과 함께 받은 금품의 세 배에 해당하는 징계부가금을 물어내야 합니다. 독일도 25유로 이상의 금품을 받으면 이익 수수로 처벌하고, 일본은 '국가공무원 윤리법'에 따라 5000엔 이상의 금품을 받을 수 없도록 하고 있습니다.

조선 시대에는 관료들에게 재물 욕심을 버리라는 의미의 '청빈淸貧'을 요구했습니다. 이를 독려하기 위해 청렴하고 근검한 모습을 갖춘 이상적인 관료를 '청백리'로 삼고 국가에서 이를 선발하고 표창하는 제도를 두었습니다. 청백리는 의정부와 사헌부, 사간원 등이 엄격하게 심사한 후에 임금의 승인을 얻어 선발했습니다. 청백리는 본인에게 명예로운 자리였을 뿐만 아니라 후손들에게도 벼슬이나 재물을 내리는 제도였습니다.

반면에 뇌물을 받은 관리의 아들은 아예 과거 시험에 응시할 수 없게 했고, 설령 관직에 이미 근무하고 있다 해도 핵심 관직에는 진출하지 못하도록 엄격히 제한했습니다. 뇌물을 받은 당사자뿐만 아니라 아들까지 관직을 할 수 없도록 연좌제를 적용한 것입니다. 그러나 현실은 엄격한 규정과는 달랐습니다. 이익은 『성호사설』에서 뇌물과 상납에 너그러운 조선 사회 분위기를 이렇게 표현했습니다.

| 동방을 원래 '인정人情의 나라'로 불렀는데, 이는 큰일이나 작은 일이나 뇌물이 있어야 이룰 수 있기 때문이다. 무릇 공납하는 물건도 뇌물 없이는 바칠 수 없었으니, 이를 가리켜 '인정'이라고 일컫게 되었다. 그러므로 속담에 "진상은 꼬치로 꿰고, 인정은 바리로 가득 싣는다"고 했으니, 이는 사사로운 뇌물이 공적으로 바치는 것보다 도리어 많다는 것을 이른다. 만약 이를 일절 금지한다면, 백관은 집안을 꾸려갈 수 없게 되고, 아전 무리는 거의 굶어 죽게 될 것이다. 지금 만약 부정을 숨김없이 모두 들춰낸다면, 서울과 지방의 관리 가운데 사형당하지 않을 자가 없을 것이다. —

아무런 대가를 바라지 않고 선의로 준다면 선물이고, 부정한 의도로 대가를 바라면서 준다면 뇌물로 구분할 수 있습니다. 이렇듯 선물과 뇌물은 전달 과정의 떳떳함과 은밀성의 차이가 있지만, 근본적으로는 대가성이 내포되어 있느냐가 구분 기준이 됩니다. 조선 시대에는 뇌물과 비슷한 의미로 '인정'이라는 말을 썼습니다. 인정은 지금은 따뜻한 마음을 가리키지만, 예전에는 뇌물을 바치는 것을 말했습니다.

양반 관료 대부분이 지방관이나 진인척에게서 성례적으로 선물을 받았는데, 소소하면서도 빈번하고 공공연하게 이루어졌습니다. 가난한 나라에서 받는 적은 녹봉만으로는 많은 식구가 딸린 가계를 꾸리거나 양반의 품위를 유지하기에는 턱없이 부족했기 때문입니다.

선물을 주고받는 당사자도 당연하게 여겨 도덕적으로 별다른 문제 의식을 느끼지 않았습니다. 오히려 필요한 물품을 적극적으로 요구했고, 상대가 호의적으로 반응하면 큰 만족감을 내비쳤다고 합니다.

양반들이 서로 주고받은 선물은 곡물을 포함해 면포·의류, 생활용구류, 문방구류, 어패류, 과일·채소류, 견과·약재류 등 일상 용품에서 사치품까지 폭이 넓었습니다. 물품 종류가 다양하고 양도 상당히 많아 널리 생활에 사용되었고, 재산을 늘리는 수단으로까지 활용되기에 충분했습니다. 이렇게 선물 수수와 청탁이 일상적이었지만, 단순히 지금의 시각으로 부정적이고 불합리하다고 단정 짓기는 어려움이 있습니다. 근대 이전의 국가 경제는 소비와 징수에서 공사公私가 분리되지 않거나 명확히 구분되지 않았기 때문입니다.

조선 시대에도 뇌물에 대해서는 엄격한 처벌을 하도록 규정했습니다. 1424년(세종 6년) 7월 세종은 뇌물을 준 자와 받은 자 모두를 처벌하는 규정을 만들었습니다. 이에 영의정 유정현은 "나 같은 늙은이가 음식을 받는 것이 무슨 해가 되겠습니까?"라며 강하게 반대해 결국 음식물은 예외로 두었습니다. 그러자 토지나 노비 등이 아닌 음식물을 상납하는 사례가 크게 늘었다고 합니다.

심지어 광해군 때는 음식을 뇌물로 갖다 바쳐 고위 관직까지 오른 관리들이 있었습니다. 한효순은 집에서 더덕으로 만든 꿀떡을 임금에게 바쳐 벼슬이 좌의정에 올랐습니다. 사람들은 그를 가리켜 '사삼 각로(더덕 정승)'라고 조롱했습니다. 이충은 잡채를 바쳐서 호조판서까지 올랐다고 합니다. 이충은 진기한 음식을 만들어 사사로

이 궁중에 바치곤 했는데, 왕은 식사 때마다 반드시 그가 만들어오는 음식을 기다려서야 수저를 들었다고 할 정도였습니다. 백성들은 그를 두고 '잡채 상서(잡채 판서)'라고 비꼬았습니다.

> 사삼 각로 권세가 처음에 막강하더니
> 잡채 상서 세력은 당할 자 없구나.
>
> ○ 『광해군일기』(정초본), 1619년(광해군 11년) 3월 5일.

부족한 봉급 탓에 뇌물 상납에 관대했던 조선 시대에는 권력을 이용해 부정한 방법으로 재물을 챙기는 부패한 탐관오리가 많았습니다. 1518년(중종 13년) 5월 19일 권벌 등은 조계상이 청첩장을 남발해 노골적으로 뇌물을 요구했다며, 그를 탄핵해야 한다고 주장했습니다.

> "조계상은 충청도와 경상도 관찰사로 일할 때 번번이 지방 수령들에게 편지를 보내 혼수감을 요구했습니다. 수령들은 '조계상의 자녀들이 어찌 그리 많으냐?'라고 비아냥댔습니다."

1562년(명종 17년) 10월 19일 실록에는 당시 영의정이던 상진에 대한 혹독한 비난이 실리기도 했습니다. 평안도 감찰사 시절 '혼수감 좀 보내라'는 윤원로의 요구에 자그마치 명주 두 바리를 실어 보냈고, 자기 집 밖에 공터가 있었는데 뇌물로 받아들인 재물과 양곡

등 온갖 물건이 이루 기록할 수 없을 정도로 많았다고 합니다. 그러면서 "상진은 강직하고 방정한 절조가 없고 시속의 흐름에 따라 적당히 처신해서 지식인들이 그를 흉보았다"고 사관은 표현했습니다.

오로지 재산에만 관심이 있는 탐욕스러운 인물도 있었습니다. 행태를 보면 도덕의식을 갖춰야 할 관료라기보다 차라리 봄에 곡식을 꾼 다음에 가을에 갚는 장리를 악용해 토지를 빼앗는 악덕 고리대금업자에 불과했습니다.

> 대사헌 이서장이 아뢰었다. "송익손은 집에 울타리를 널리 설치하고 그가 강제로 잡아다놓은 양민과 천민을 모두 울타리 안에서 살게 합니다. 혹시 본래 주인이 찾으러 오면 그 노비를 숨기고 도리어 주인을 구타하는데, 비록 관청에 소송해도 관청에서 통제할 수가 없습니다. 다른 사람에게 좋은 경작지가 있으면 소를 풀어서 벼를 밟게 하고, 이삭이 나와서 여물면 베어버리게 해서 한 묶음의 벼도 수확할 수 없게 만듭니다. 경작지 주인이 핍박을 이기지 못하고 팔려고 하면, 송익손이 가격을 깎아서 강제로 사들입니다. 주변 백성들의 원망이 가슴 속에 가득 찼으니, 먼 곳에 귀양을 보내서 민심을 편안하게 하소서." 그러나 왕은 들어주지 않았다.
>
> ○ 『성종실록』 51권, 1475년(성종 6년) 1월 19일.

더욱이 임진왜란, 병자호란 같은 전쟁을 치르면서 국가 재정이

파탄 나고 사회 혼란이 가속화되면서 국가가 아예 대놓고 뇌물을 거두기도 했습니다. 이름을 적지 않은 채 관직을 주거나 양반 신분을 부여하는 백지 임명장인 공명첩空名帖을 발급했던 것입니다. 즉, 국가가 매관매직에 앞장섰습니다. 처음에는 임진왜란 때 공을 세운 사람에게 그 대가로 주었으나, 이후 국가 재정이나 군량이 부족하거나 가뭄 때까지로 범위가 점차 확장되었습니다.

> 극심한 흉년이 들어 길에는 굶어 죽은 사람이 즐비하고 아버지가 자식을 죽이고 사람이 서로 잡아먹는다. 관아의 곡식도 떨어지고 개인의 비축도 거덜 났으니 그들이 죽는 것을 서서 보고 있어야만 한단 말인가? 가난한 백성을 도와주기 위해 고위 관직이 적힌 공명첩 2만 장을 만들어 팔도에 나누어 보내어 팔도록 했다. ◦『숙종실록』 22권, 1690년(숙종 16년) 11월 10일.

실제 이때 2만 장 중 1만여 장을 넘게 팔아 4만 4000여 석의 막대한 곡물을 확보할 수 있었다고 합니다. 공명첩의 대가로 부여받는 벼슬은 명예직에 불과했지만, 군역을 회피하거나 가문의 위신을 높이는 방법으로 활용되기에 충분했습니다.

그러자 공명첩을 위조하거나 지나치게 많이 발급하는 폐단이 발생했습니다. 관직 등급에 따라 가격도 정해서 팔았지만, 너무 많이 발행되다 보니 점차 그 가치도 떨어졌습니다. 나중에는 원하지 않는 사람들에게까지 강제로 할당하는 강매로까지 이어졌습니다. 게다가 공명첩 등을 통해 군역을 회피한 숫자도 점점 늘어 1786년(영조 10년)에 이르면 전체의 절반가량(46.5퍼센트)에 달했다고 합니다.

이는 이미 붕괴하고 있던 조선의 사회 질서를 더욱더 문란하게 만들었습니다. 공명첩은 부족한 국가 재정을 메우기 위한 불가피한 수단이기는 했지만, 국가가 백성들에게 사실상 반강제로 거두어들인 공공연한 뇌물이었습니다.

품위를 지켜야 한다

"병무청에서 일하는 공무원이 문신을 하고 피어싱을 했다가 감봉 3개월의 징계를 받았습니다. 품위를 유지할 의무를 위반했다는 겁니다. 이 공무원은 개인의 자유라고 맞서고 있습니다."

ㅇ 「"품위 유지 위반" … 문신·피어싱 공무원 '감봉 3개월' 논란」, 〈JTBC 뉴스〉 2020년 2월 4일.

공무원의 행동을 규율하는 '국가공무원법' 등에는 문신에 대해 명확한 규정을 두고 있지 않습니다. 그러나 이 사건에서처럼 굳이 특정한 법을 위반하지 않더라도 공무원은 징계를 받을 수 있습니다. 이때 가장 손쉽게 적용하는 규정이 '품위 유지 의무' 위반입니다.

물론 경찰은 임용 신체 조건에 '시술 동기, 의미 및 크기가 경찰

공무원의 명예를 훼손할 수 있다고 판단되는 문신이 없어야 한다'고 명시하고 있습니다. 실제 2014~2017년 문신 때문에 신체검사에서 불합격 처분을 받은 사례가 15건이라고 합니다. 다만 2022년 4월 왼쪽 등에 '사필귀정事必歸正'이라는 문신을 했다는 이유로 한 경찰 공무원에게 내린 신체검사 불합격 처분이 잘못되었다는 중앙행정심판위원회 결정이 있기도 했습니다. 문신이 우리보다 대중화된 미국이나 유럽 등에서도 경찰은 제복을 착용하는 동안 문신이 보여서는 안 되고, 머리와 목은 문신이 금지되어 있는 등 비교적 엄격하게 규제하고 있습니다.

> 공무원은 직무의 내외를 불문하고 그 품위가 손상되는 행위를 하여서는 아니 된다.
>
> ○ 국가공무원법 제63조.

품위가 손상된 행위라고 판단되면 그 위반 내용이 형사처벌 규정을 위반하지 않았거나 위반 사항이 비교적 명확하지 않더라도 징계 적용이 가능하도록 하고 있습니다. 물론 주로 품위가 손상되었다고 징계하는 유형은 도박, 사기, 폭행, 음주운전 등 사회적으로 문제가 되는 사건입니다. 현재 공무원 징계 사유 중에 가장 많은 것이 품위 유지 의무 위반입니다. 2020년 전체 징계 2032건 중 1308건(64.4퍼센트)이며, 최근 10년을 보더라도 매년 가장 큰 비중을 차지하고 있습니다.

품위 유지 의무를 요구하는 것은 공무원과 공공기관만이 아닙니다. 변호사, 의사와 같은 전문직을 규율하는 '변호사법', '의료법' 등에도 성실한 직무 수행을 독려하기 위한 목적으로 품위 유지 의무를 규정하고 있습니다.

대한변호사협회가 발표한 '2019년 징계 사례'에 따르면, 변호사 C는 변호사의 품위 유지 의무를 위반해 과태료 500만 원의 징계를 받았다고 합니다. C는 사무실 소속 직원을 시켜 소송 상대방의 결혼식을 방해하고, 상대방 가족들에게 망신을 주었으며, 해당 장면을 촬영한 동영상을 자신이 운영하는 인터넷 카페에 올렸다고 합니다. 결국 C가 상대방에게 정신적 손해를 가한 혐의가 인정된 것입니다.

그렇다면 이때 말하는 품위는 무엇을 의미하는지 알아볼 필요가 있습니다. 법원에서 생각하는 공무원의 품위는 다음과 같습니다.

> 품위라 함은 주권자인 국민의 수임자로서의 직책을 맡아 수행해 나가기에 손색이 없는 인품을 말하는 것이므로 공무원이 모든 국민에게 보장된 기본권을 행사하는 행위를 했다 할지라도 그 권리 행사의 정도가 권리를 인정한 사회적 의의를 벗어날 정도로 지나쳐 주권자인 국민의 입장에서 보아 바람직스럽지 못한 행위라고 판단되는 경우라면 공무원의 행위는 품위를 손상하는 행위에 해당된다. ○ 대법원 1987년 12월 8일.

다른 나라에서는 공무원의 도덕성과 윤리성, 품행을 법으로 규율하는 사례를 쉽게 찾아보기 어렵습니다. 예외적으로 프랑스에서 우리와 거의 유사하게 '공무원은 직무 수행의 내외를 불구하고 품위를 손상하는 행위를 해서는 안 된다'라고 규정하고 있고, 일본과 영국, 미국 등에서는 유사 규정이 없습니다.

공무원이 가져야 할 윤리가 반드시 도덕군자나 성직자 수준의 윤리를 의미하는 것은 아닙니다. 오히려 윤리 개념을 지나치게 엄격하게 적용한다면 도리어 역효과가 날 수도 있습니다. 물론 공적인 업무를 수행하는 공무원에게 일반인보다 엄격하고 신중한 품행을 요구하는 것은 당연합니다. 그러나 설령 징계 사유에 해당하더라도 당사자가 받아들이기 어려울 정도로 지나치게 모호하거나 불분명하게 규정된다면 문제로 지적될 수 있습니다. 물론 법원에서는 현재 규정에 별다른 문제가 없다고 판단합니다.

> 규정의 의미가 모호하거나 불분명하다고 할 수 없으므로 명확성의 원칙에 위배되지 아니하고, 적용 범위가 지나치게 광범위하거나 포괄적이어서 표현의 자유를 과도하게 제한한다고 볼 수 없다.
>
> ○ 대법원 2017년 4월 13일.

최근에는 국민 개개인의 기본권이 점점 더 중요하게 인식되면서 공무원의 품위 유지 의무도 개인의 사생활을 보다 존중하는 쪽으로 완화해야 한다는 주장이 힘을 얻고 있습니다. 지금처럼 막연하고 모호하게 해석되는 관련 규정을 직무와 관련 있는 영역으로 범위를 축소하고, 좀 더 명확히 규정해야 한다는 것입니다. 실제 징계 사례를 보면, 단지 공무원이라는 이유만으로 지극히 사적인 영역에서 비롯된 문제마저 품위 유지 의무 위반이 적용되기도 합니다. 과연 이것이 타당한지 의문이 듭니다.

> 자정에 층간 흡연 문제로 집 안까지 난동을 부리는 이웃을 집 밖으로 내보내는 과정에서 사소한 찰과상을 입힌 공무원이 '품위 유지 의무 위반'으로 징계위원회에 회부된 사례를 접했다.
>
> ○『전북일보』, 2020년 2월 5일.

품위 유지 의무에 부정적 시각을 가진 공무원도 많습니다. 2017년 전국공무원노동조합에서 1만 5000여 명을 대상으로 조사한 결과 거의 대다수(89.4퍼센트)가 해당 규정을 폐지해야 한다고 답변했습니다. 이 규정이 공무원의 사생활과 기본권을 제한하고 있으며, 규정이 모호해 정부나 상관의 잘못된 정책과 요구를 거부할 수 있는 의사 표현이 제한된다고 보는 것입니다.

조선의 양반은 유교 이념을 실천하는 사회 지배 계층이었습니다. 그들은 사회를 올바르게 이끌어야 할 책임이 있었으며, 도덕규범을 몸소 실천하는 모범을 보여야 했습니다. 즉, 품격 있는 말과 행동을 보여줌으로써 양반의 품위를 유지해야 했습니다.

조선은 신분제의 벽이 높았습니다. 사회를 주도적으로 이끌던 양반들은 자신들의 지배 체제를 굳건히 지키고자 했습니다. 기존의 두터운 신분 질서가 문란해져 유교 중심의 세계 안에서 강력했던 자신들의 기득권이 사라질 것을 두려워했습니다. 당시 신분을 엄격하게 구분 짓고, 명백하게 차이가 발생하는 지점은 바로 한문의 해독 능력이었습니다. 그래서 기득권 세력은 한글 창제와 보급으로 일반 백성들의 지적 수준이 올라가는 것을 거부했으며, 새로운 지식 보급에도 강력히 반발했습니다.

1444년(세종 26년) 2월 20일 한글을 창제한 후 세종은 백성들의 윤리와 도덕 교육을 위해 『삼강행실도三綱行實圖』를 한글로 번역하여 배포할 것을 명령했습니다. 그러자 집현전 응교(종4품) 정창손이 세종의 지시에 강하게 반박했습니다. "삼강행실을 반포한 후에 충신·효자·열녀의 무리가 나오지 않는 것은 사람이 행하고 행하지 않는 것이 사람의 자질 여하에 있기 때문입니다. 어찌 꼭 언문(한글)으로 번역한 후에야 사람이 모두 본받을 것입니까?" 즉, 성인군자는 원래 타고나는 것이며, 무지하고 어리석은 백성에게 이를 쉽게 번역해서 가르친다고 해도 아무런 소용이 없다는 의미였습니다.

정창손의 말은 백성들을 우습게 여기고 양반의 품위를 저버린 것일 뿐만 아니라, 백성들을 쉽게 가르치고자 했던 세종의 이념과 철학을 정면으로 부정하는 것입니다. 평소 신하들과 토론을 즐겼던 세종마저도 정창손의 말에 분노했습니다. 세종은 "이 따위 말이 어찌 선비의 이치를 아는 말이겠느냐. 아무짝에도 쓸데없는 저속한 선비로다"라고 한탄하며 정창손을 옥에 가둔 후 파직시켰습니다.

조선은 양반의 품위를 지켜야 할 시대였지만 관료들마저 술을 마시고 싸우다가 체포되는 등 여러 소란을 일으키기도 했습니다.

1725년(영조 1년)에는 무예별감 이상기와 주영준, 호위청 군관 김태서가 통금 시간에 술에 취해 길거리에서 싸움을 벌이다 체포되기도 했고, 1709년(숙종 35년) 4월에 별감 백세장이 기생 등과 술을 마시다 통금을 어기고는 체포하려던 나졸을 집단 구타해 사경에 빠지게 한 난동도 있었습니다.

심지어 사헌부 수장인 대사헌이 야간 통금을 어겼다가 파직된 일도 있었습니다. 1401년(태종 1년) 9월 21일의 사건입니다. 대사헌 이원이 몸종과 함께 야간 통금 시간 이후에 길을 가다가 적발된 것입니다. 사간원에서는 이를 문제 삼아 이원의 파직을 요청했고, 임금은 받아들였습니다.

임금의 특명을 부여받고 먼 길을 떠난 암행어사도 임무를 게을리한 채 추태를 부리기도 했습니다. 1681년(숙종 7년) 6월 3일 영의정 김수항은 어사들의 어처구니없는 행태를 고발합니다. "어사 안후태는 가는 곳마다 술을 마시고는 취하여 길에 쓰러져서 행인들에게 비웃음을 샀고, 여러 고을에서 업신여김을 당했습니다. 어사 목임일은 말을 바꿔 탈 때 관원들에게 형벌을 가했으며, 해당 지역의 관리들과 어울려 산 속의 절로 돌아다니며 놀았습니다. 또한 어사 김두명은 데리고 간 서리가 각 고을에서 뇌물을 징수하여 싣고 돌아왔습니다." 보고를 받은 왕은 화가 나서 이들의 죄를 조사하도록 지시했습니다.

막중한 책임을 저버리고 사랑에 빠진 여성과 함께 도망간 사건도 있었습니다. 1774년(영조 50년) 12월 7일 사간원에서 도망간 어사에 대해 보고합니다. "제주도 어사 홍상성이 길에서 눈이 맞은 기생을 데리고 함께 제주 가는 배를 탔습니다. 어사란 신분이 남달라서 그 행동을 스스로 조심하여 더욱 엄격하고 삼가야 할 것인데, 이런 일을 일찍이 들어보지 못했습니다." 왕은 어사 신분을 박탈하고 귀양을 보내라는 명령을 내렸습니다.

심지어 다른 관리의 잘못을 감찰해야 하는 사헌부 직원들도 술자리에서 싸움을 벌여 처벌받기도 했습니다. 1439년(세종 21년) 3월 17일 사헌부 내규 규율을 감시하는 감찰반장과 부하 감찰이 술에 취해서 조상들의 벼슬을 자랑하다가 결국에는 서로 물어뜯고 싸우는 일이 발생했습니다. 이 사건으로 감찰반장과 부하 감찰은 벌을 받고 관직에서 쫓겨났습니다. 실록에는 "둘은 할아버지와 아버지의 관직과 품계를 자랑하다가 욕설을 퍼부었다. 급기야 반장이 부하의 입술을 깨무는 등 미치광이 같은 태도가 막심했다"고 기록되어 있습니다.

정치적 중립을 지켜야 한다

> 공무원은 지속해야 하며, 정치적으로 편파적이지 않아야 하며, 현 정부를 위해 일하면서도 동시에 다음 정부를 위해 정책의 유연함을 갖고 있어야 한다.

영국 법령에 규정된 공무원의 역할입니다. 정권 교체에도 공무원이 지켜야 할 정치적 중립의 태도에 대해 설명하고 있습니다.

우리나라에서 공무원의 정치적 중립은 행정 업무를 수행하는 공무원이 특정 정파에 편파적으로 유리하거나 불리하게 업무를 수행하지 않고, 공정한 입장에서 일을 처리하는 것을 말합니다. 공무원에게 정치적 중립이 왜 필요한지에 대해 헌법재판소(1995년 5월 25일)는 이렇게 설명합니다.

공무원은 국민 전체에 대한 봉사자이므로 중립적 위치에서 공익을 추구하고, 행정에 대한 정치의 개입을 방지함으로써 행정의 전문성과 민주성을 제고하고, 정책적 계속성과 안정성을 유지하며, 정권 변동에도 불구하고 공무원의 신분적 안정을 기하고, 엽관제로 인한 부패·비능률 등의 폐해를 방지하며, 자본주의 발달에 따르는 사회경제적 대립의 중재자·조정자로서의 기능을 적극적으로 담당하기 위하여 요구된다.

결국 공무원의 정치적 중립은 행정의 신뢰성을 확보하고, 형평성을 유지하고, 공익성을 유지하기 위한 핵심적인 공공 가치라고 할 수 있습니다. 현실에서 실제로 정치적 중립이 문제되는 경우는 대부분 선거 개입과 정책 수립·집행 과정에서 발생합니다.

먼저 대통령, 국회의원, 지방자치단체 등 중요 선거를 앞두면 공무원의 정치적 중립에 대한 언급이 늘어납니다. 이때는 선거에 개입한다는 오해를 받지 않도록 행동을 조심하라는 의미로 많이 사용됩니다. 우리나라는 헌법으로 공무원에게 정치적 중립성을 요구하며, 국가공무원법으로 정당에 가입하거나 특정 정당을 지지하는 등 선거에 관여할 수 없도록 규정하고 있습니다.

국가공무원법은 1949년 처음 만들어질 때부터 공무원의 정치 개입을 금지하고 있습니다. 그러나 우리나라는 1960년 이승만과 자유당 정권의 3·15 부정 선거에 항의하며 4·19혁명이 일어났고, 이를 통해 독재 정권이 몰락한 역사를 간직하고 있습니다. 당시 집권

세력은 선거 승리를 위해 경찰과 행정 관청을 총동원했으며, 선거 자금을 마련하기 위해 재무부와 한국은행에도 직접 개입하고 부정을 저질렀습니다. 심지어 선거 관리를 책임졌던 내무부 장관이 '공무원들은 대통령 선거에서 선거운동을 해도 관계없다'라고 말할 정도였습니다. 쓰라린 역사의 교훈을 되풀이하지 않기 위해 선거철이 가까워지면 공무원의 선거 개입을 경계하는 목소리가 높아집니다.

| 「국무총리, 선거 앞두고 공직자 정치적 중립 · 공직 기강 지켜달라」

○ 『한겨레』, 2022년 1월 3일.

| 「예비 후보 SNS에 50차례 '좋아요' … 공무원 훈계 처분」

○ 〈전주MBC〉, 2022년 7월 5일.

검찰, 경찰, 군인과 같은 공무원들에게는 개별 법령에서 별도로 정치에 관여하는 것을 금지하고 있습니다. 특히 물리력을 행사할 수 있는 집단인 경찰과 군인에게는 정당 가입이나 선거 개입과 같은 정치 운동을 금지하는 것 이외에도, 이를 위반했을 때는 형사처벌까지 가능하도록 규정했습니다.

나라마다 정치 · 행정의 문화와 환경이 다르기는 하지만, 우리나라는 공무원의 정치 참여를 더 엄격하게 제한합니다. 반면에 미국, 영국, 프랑스, 독일, 일본 등 OECD 상당수 국가는 공무원의 정치 활동을 폭넓게 허용하고 있습니다. 미국, 영국, 일본은 정당 가입이나 정치자금 후원 활동을 개인의 정치적 자유라는 측면에서 허용합니다. 프랑스와 독일은 공무원 신분으로 공직 선거에 출마할 수 있도록 폭넓은 정치 활동을 허용합니다. 즉, 정당 가입은 물론 선거 출마까지 정치 활동에 제한을 거의 두지 않습니다. 우리나라가 정당 가입 금지 등 공무원의 정치 활동 자체를 엄격히 제한하는 것은 아무래도 과거 독재 정권에서 발생한 부정선거의 영향이 크지 않을까 짐작합니다.

이처럼 우리나라에서는 법과 규정으로 공무원의 선거 개입을 강력히 규제하지만, 여전히 정치적 중립에 위협이 되는 사례가 발생하고 있습니다. 특히 지방자치단체 선거 과정에서 이런 일이 많이 일어납니다. 선거를 통해 단체장이 선출되면 예산과 인사권을 독점하기 때문에, 지자체에 속한 공무원들은 단체장의 업적을 홍보하거나 선거인단을 모집하는 등 직간접적으로 선거 활동에 참여하는 경우가 발생합니다. 공무원들도 뭔가 꺼림직하다고 생각하지만, 지자체장이 막강한 권한을 가진 현 상황에서는 어쩔 수 없는 분위기인 듯합니다.

실제로 지자체 공무원들은 '시장 선거 시 도움을 요청받거나' '누구도 강요하지 않지만 어느 한쪽을 확실히 지지해야만 미래를 보장받을 수 있다는 분위기를 느낀다'라고 합니다. 인과관계를 명확히 파악할 수는 없지만 선거가 끝난 뒤 주요 자리가 어떻게 바뀌었는지를 보면서 보은 인사 또는 보복 인사를 경험하고 있습니다. 반복해서 이런 일이 일어나는 것은 공무원 개인의 능력을 활용하려고 하는 후보자의 욕심과 유력 후보자에 기대어 핵심 직위에 가려는 공무원의 심리가 서로 맞아떨어지기에 발생하는 것으로 보입니다.

> A지자체 소속 공무원 6명은 2018년 9월 A의회 의장이 취임한 이후 다섯 번에 걸쳐 업무 추진비로 한과 세트를 명절 선물로 구매했다. 이들은 의회 의장 명의로 선거구 주민들에게 명절 선물을 보냈다. … E지자체 소속 공무원 F씨는 평소 친분이 있는 국회의원 보좌관들에게 E지자체장 선거 캠프 개소식에서 상영될 축하 메시지를 요청했다. 이는 선거 관여 행위 금지 의무를 위반한 것이다.
>
> ◦ 「지방공무원들 '선거 중립 나 몰라라'」, 『경향신문』, 2022년 5월 2일.

공무원이 정책을 수립하거나 이를 집행하는 과정에서도 정치적 중립이 위협받기도 합니다. 그러나 정책 수립과 집행 과정에서 발생하는 정치적 중립 위반 여부는 선거 개입 여부보다 판단이 애매한 경우가 훨씬 많습니다. 아무래도 직접적인 방법으로 정치적 중립을 어기는 사례는 거의 찾기 힘들고, 대부분 정책 집행이나 예산 배분 과정에서 은밀하고 간접적인 방식을 사용하기 때문입니다.

문제는 앞에서 언급한 국가공무원법 등에서도 정치적 중립을 지켜야 한다는 의무만 규정되어 있을 뿐, 외부 압력이나 부당한 요청이 있을 때 정치적 중립을 보장하는 장치가 부실하다는 점입니다. 특히 선거를 통해 단체장이 선출되는 지방자치단체에서 이런 경우가 많다고 합니다. 선거가 끝나면 정치인 시장을 위해서 간부들은 새로운 정책과 사업을 구상해야 합니다. 이때 시장 업적으로 기록될 만한 사업과 홍보거리를 만들어야 유능하다고 인정받습니다. 윗사람의 역량을 돋보이게 만들어줘야 이에 따르는 인사 보상을 받는 실정인 것입니다.

> 새해를 맞아 A시청 공보관이 공기업인 B를 혁신도시로 유치한 것은 현직 지방자치단체장의 적극적인 노력에 의한 것이라는 내용의 소식지 20만 부를 제작하여 선거구 안에 발송한 것은 후보자가 되고자 하는 자인 현직 단체장의 업적을 홍보한 것이다.
>
> ○ 대법원 2006년 12월 21일.

중앙정부가 업무를 집행하는 과정에서도 정치적 중립 의무와 관련된 일이 발생하곤 합니다. 공무원에게 서로 상충하는 정치적 중립 의무가 발생하는 경우가 많습니다. 어떤 상황에서는 국민 선택으로 선출된 정부의 정치 철학과 정책 실현을 위해 최선을 다해야 한다는 요구를 받기도 합니다. 그러나 다른 상황에서는 정권에 무조건 충성할 것이 아니라 전문가로서 독자적인 업무를 수행해야 한다는 반대되는 요구를 받기도 합니다. 특히 정권이 새롭게 바뀔 때마다 주요 정책의 지향점이 완전히 바뀐다면 공무원의 딜레마 상황은 더욱 크게 다가올 수 있습니다.

> 정권이 바뀌면 공무원 사회가 그에 맞게 재빨리 태세전환을 해야 하는 게 불문율처럼 지켜져 왔다. … 공무원이 '국민 전체에 대한 봉사자'란 헌법 조문은 어느 특정 정권이나 정치인을 위해 일을 하는 게 아니라는 얘기다. 국민을 위한 봉사자로서 일을 해야지 특정인의 이익을 위해 충성해서는 안 된다는 뜻이 깃들어 있다.
>
> ○「공무원은 국민 전체에 대한 봉사자다」, 『경향신문』, 2022년 7월 29일.

사실 정치적 중립을 위해서는 정치적 판단을 줄여야 하지만, 현실적으로 고위 공무원일수록 정치적인 상황 판단이 중요해집니다. 어떻게 보면 정치적으로 중립을 지키면서 정치적 상황에 따른 판단을 요구하는 것은 모순일 수밖에 없습니다. 아무래도 정치적 판단을 하면 특정 정치 세력에게 유리한 쪽으로 이어질 가능성이 높습니다.

실제로 고위직 공무원일수록 정치적 중립성이 위협받는 경험을 많이 한다는 조사 결과도 있습니다. 합리적인 범위를 벗어난 정책을 무리하게 진행시키도록 강요하거나 자신의 이권과 관련된 구체적인 편의를 요구하는 청탁을 비밀스럽게 해오는 일도 발생한다고 합니다. 고위 공무원일수록 정무직 장차관과의 접촉이 잦기 때문에 정권의 국정 철학과 방향에 민감하게 반응할 수밖에 없다고 합니다.

세상에서 일어나는 수많은 일 중 정치 현상과 정치적 해석에서 완전히 자유로울 수 있는 것은 거의 없습니다. 공무원 역시 승진과 출세를 아예 포기한 사람이 아니라면 이러한 정치적 영향에서 완전히 벗어나기 어렵습니다. 공무원들도 위법하거나 상식적으로 부당한 지시에 대해 할 말을 해야 한다는 책임감을 느끼고 있지만, 소신에 따른 업무 추진은 함부로 실천하기가 쉽지 않습니다.

그렇지만 정치적 중립의 의미도 시대에 따라 변하고 있습니다. 예전에는 정책 결정과 집행 과정에서의 정치적 중립이 정치와 행정을 완전히 분리하여 공무원이 정책 결정에 전혀 관여하지 않아야 한다는 의미로 쓰였습니다. 그러나 지금은 정치적 고려를 떠난 독립적 · 객관적 · 전문적인 판단에 바탕을 두고, 정책과 행정 문제에 접근해야 한다는 의미로 많이 쓰이고 있습니다. 이제는 공무원이 공적 신뢰를 받는 공익 수호자로서, 정책 과정에서 필요하다면 막강한 권력에 바른 목소리를 내고 그에 걸맞은 행동을 보여야 할 의무를 가지기를 바라는 것입니다.

조선 시대에는 서로 생각이 다른 정치 집단 사이에 갈등이 꽤 심각했습니다. 그래서 특정한 정파에 국한하지 않고 능력 중심의 인사를 중용해 정치적 중립을 실현하려고 노력했습니다. 영조와 정조 때 추진된 탕평책蕩平策이 그것입니다. 영조가 즉위하기 한참 이전에도 이미 붕당 간의 갈등은 심각한 문제로 지적되고 있었습니다. 1609년(광해군 1년) 1월 9일 이원익이 올린 상소에서는 당시의 갈등 상황을 설명하고 있습니다.

> "조정의 붕당이 30년 전에 일어나기 시작했는데, 근래에는 그 풍습이 더욱 고질화되었습니다. 인물이 현명한지를 분간하지

않고 자기편인지를 따져 취하거나 버리고, 논의가 옳은지 그른지는 묻지 않고 자기편인지를 따져 옳다거나 그르다고 합니다. 이 때문에 현명한 사람과 우둔한 사람이 서로 뒤섞이고, 옳은 것과 그른 것이 뒤섞이고 있습니다. 한 사람을 등용하면 그 사람이 현명하더라도 반드시 '자기 당이기 때문이다' 말하고, 한 사람을 물리치면 그 사람이 어리석더라도 반드시 '자기 당이 아니기 때문이다' 말합니다. 심지어 논의의 가부 문제까지도 어느 편인지를 지목해 말하지 않는 경우가 없습니다. 온 나라의 재상이나 사대부 가운데 당파에 들지 않은 자가 한 사람도 없어 피차가 서로 시기하고 미워합니다. 그러니 일을 만나면 배회하여 맡으려 하지 않고 수수방관하여 국가 대사를 어찌할 수 없는 지경에 빠뜨렸습니다." ○『광해군일기』(정초본) 12권.

'탕평'은 유교 경전인『서경』에 나오는 말로, 당파를 초월한 군주가 중심이 되어 중립적이고 바른 정치를 해야 한다는 뜻이 담겨 있습니다. 동인과 서인, 노론과 소론 등 각 당파 사이의 극심한 싸움 탓에 폐해가 심해지자 영조와 정조는 특정 정파의 강경론자들을 배제하고 각 당파에서 능력 있는 인재를 골고루 배치해 갈등을 해소하려고 노력했습니다.

이를 위해서 영조는 왕위에 오른 직후부터 당파 갈등을 심각하게 받아들였습니다. 그는 당파에 관계없이 인물을 추천하되 반드시 당파별로 안배하고 다른 당파의 인물들이 서로 한 조를 이루어 업무를 관장하도록 하여 붕당 간의 협력 체제를 구축하려고 했습니다.

> "붕당의 폐단이 요즘보다 심한 적이 없었다. 지금은 한쪽 사람을 모조리 역적 무리로 몰고 있다. 세 사람이 길을 가더라도 어진 사람과 못난 사람이 있게 마련인데, 어찌 한쪽 사람이라고 모두 같은 편일 이치가 있겠는가? 아! 임금과 신하는 부모와 자식 관계와 같으니, 아비에게 여러 아들이 있어 서로 시기하고 의심해 저쪽은 버리고 이쪽만을 취한다면 그 마음이 편안하겠는가, 불안하겠는가?" ○『영조실록』 3권, 1725년(영조 1년) 1월 3일.

영조의 뒤를 이은 정조는 자신만의 원칙을 적용한 보다 적극적인 탕평 정치를 추진했습니다. 특정 정치 세력에 물들지 않은 관료들 중에 자신과 정치적 이념을 같이하는 젊은 학자들을 중심으로 규장각을 통한 개혁 정치를 추진한 것입니다.

> "아! 탕평이란 곧 편당을 버리고 상대와 나를 구분하지 않는 이름이다. 위에서 본다면 다 같은 한집안의 사람들이고 다 같은 동포이다. 착한 사람은 상을 주고 죄가 있으면 벌을 주는 것에 어찌 사랑하고 미워하는 구별이 있겠는가? 지금 이후로 무릇 나를 섬기는 조정의 신하는 노론이나 소론 할 것 없이 모두 큰 도리로 나오도록 하라. 이제부터는 내가 마땅히 '노老·소少' 두 글자를 먼저 마음에 두지 않을 것이고, 오직 그 사람을 보아

어진 이를 등용하고 불초한 이를 버릴 것이다."

○ 『정조실록』 2권, 1776년(정조 즉위년) 9월 22일.

탕평책은 이후 세도정치로 가는 계기가 되었다는 비판도 있지만, 당시의 극단적인 정치 갈등을 줄이고 서로 공존하는 방법을 모색하면서 정치적 중립을 통한 개혁을 추진한 정책으로 평가받고 있습니다.

출퇴근 시간을 지켜야 한다

> 아침 9시가 정확한 출근 시간으로 규정되어 있음에도 불구하고 약 500여 명의 공무원 중 정각 9시에 출근하는 참된 공무원은 불과 수십 명으로 9시가 훨씬 넘은 9시 반부터 비로소 어슬렁어슬렁 출근하기 시작한다. 그리하여 10시경이 되어야 일단 출근이 완료되는 형편인데, 이러한 현상이니 생존경쟁에 눈코 뜰 새 없는 시민들도 시청 직원들에게는 손을 들어 항복하지 않을 수 없어 빨라도 10시래야 시청의 문을 두드림이 상식화된 것이 요즘 서울시청의 현상이다. ○『조선일보』, 1951년 12월 6일.

비록 한국전쟁 중이기는 하지만, 출근 시간을 지키지 않는 서울시청 공무원들의 행태를 비판하는 언론 기사입니다. 출퇴근 시간을 어기는 공무원은 우리나라만의 문제는 아닌 것 같습니다. 몇 년 전에는 흥미로운 해외 뉴스가 화제가 된 적이 있습니다.

> 두바이 왕이 두바이 시 고위 공무원들의 근무 실태를 점검하기 위해 시청을 깜짝 방문했지만 단 한 명의 공무원도 마주치지 못하는 일이 벌어졌다. 시청 고위 공무원 가운데 제시간에 출근한 사람은 아무도 없었고, 빈 책상과 그의 초상화만 걸려 있었다. 공무원들은 왕의 깜짝 시찰에 대응하지 못했고, 이후 두바이 시 법무실장을 비롯한 시청 고위 공무원 9명은 퇴직 통보를 받았다.
>
> ○ 『중앙일보』, 2016년 8월 31일.

현재 우리나라 공무원의 공식적인 근무 시간은 아침 9시부터 오후 6시까지입니다. 국가공무원법 제58조 제1항에도 공무원은 소속 상관의 허가나 정당한 사유가 없으면 직장을 이탈하지 못하도록 규정하고 있습니다. 근무 시간 중에는 당연하며, 시간외근무 명령을 받았더라도 이 의무는 유지됩니다.

> 공무원이 적법한 연가 신청을 했더라도 허가가 있기 전에 근무지를 이탈한 행위는 징계 사유가 된다.
>
> ○ 대법원 1987년 12월 8일.

당연히 공무원들도 바쁠 때는 야간 초과근무도 자주 하고, 심지어 밤샘 근무를 할 때도 심심찮게 있습니다. 2006년 설문조사에서 당시 재정경제부 사무관들은 평균 오후 9시 45분에 퇴근했고, 한 달 평균 32.4시간 초과근무를 한다고 답했습니다. 물론 지금은 세종시로 근무 장소를 옮기기는 했지만, 생활 패턴에는 별다른 차이가 없을 것입니다. 아침 9시 근무 시작으로 계산하면 점심과 저녁 식사 한 시간씩을 빼더라도 보통 하루 열 시간을 훌쩍 넘게 일하는 상황인 것입니다.

실제 2016년 조사에서도 중앙 부처 공무원의 주당 평균 야근 횟수는 2.7회로 드러났습니다. 월평균 초과 근무 시간은 경찰, 세관과 같이 상시 근무 체제가 적용되거나 휴일에도 정상 근무할 필요가 있는 직종인 현업직은 70.4시간이었으며, 그렇지 않은 비현업직은 31.5시간으로 나타났습니다.

특히 국회 대정부 질문이 있는 날이면 그 전날은 본인 의사와 관계없이 새벽까지 대기하거나 밤새는 일이 불가피합니다. 다음은 국회 상임위원회를 앞둔 기획재정부의 풍경인데, 이런 모습은 다른 부처들도 대부분 거의 같다고 보면 됩니다.

> 상임위 개의 전날에 기획재정부 기획조정실에서는 '실국 판단하에 연락요원·필수요원 중심 대기'라는 행동 요령 지침을 내린다. 필수요원은 결국 모든 사무관이다. 지침은 새벽 1시가 넘게 해제하지 않는 경우도 많다. 직원들은 여당에서 일찍 준 질의에 대해 답을 쓰고, 자정 전후에 본격적으로 입수하는 야당 질

> 의서에 답을 쓴다. 사무관이 그때 답을 쓰니 과장, 국장들도 그 날은 일찍 잠들지 못한다. 사무관은 밤새워 국장까지 결재한 Q & A를 들고 다음 날 새벽 KTX로 세종에서 국회로 올라간다.
>
> ◦ 신재민, 『왜 정권이 바뀌어도 세상은 바뀌지 않는가』, 유씨북스, 2020.

개인 사정에 따라서는 출퇴근 시간을 약간 조정하는 탄력근무제를 활용하기도 합니다. 태풍, 홍수, 폭설, 지진과 같은 재난이 발생하면 해당 분야 공무원은 비상근무를 할 수도 있습니다. 선거와 지역 축제 지원 업무도 지자체 공무원에게는 정기적으로 발생하는 초과근무 사유가 됩니다.

정규 근무 시간 중에는 전화로 민원을 응대하는 시간이 의외로 제법 큰 비중을 차지합니다. 다른 부처나 공공기관 등과의 업무 협의 전화도 꽤 많습니다. 전화 통화는 길어지면 30분을 넘어 한 시간까지 이어지기도 합니다. 각종 회의에 참석하고 여기저기 불려 다니느라 정작 해야 할 일은 퇴근 시간 이후에야 처리하기도 합니다.

특별한 사건 사고가 없는 날에는 대개 오후 6시가 지나면 주변 정리를 한 다음 퇴근합니다. 다만 부서장이 먼저 퇴근하기를 기다렸다가 순차적으로 퇴근하는 문화는 아직 많은 부서에 여전히 남아 있습니다. 퇴근 시간 이후 추가로 처리할 일이 있으면 간단히 저녁을 먹고 들어와 두세 시간 동안 남은 업무를 처리하기도 합니다.

각종 사건 사고가 자주 발생하는 부서는 당연히 초과근무가 있지만, 부서장 성향 때문에 초과근무가 발생하는 경우도 꽤 많습니다. 부서장이 책상에 앉아 '나는 할 일이 있어서 조금 더 있다 퇴근할 테니 먼저 갈 사람은 퇴근하라'고 말하더라도 쉽사리 먼저 퇴근하는 경우는 조직 문화상 쉽지 않습니다.

공무원 출퇴근과 관련해 많이 제기되는 문제는 초과근무 수당의 수령에 관한 것입니다. 이 문제는 부당이나 허위 사례가 적발되는 등 오랫동안 말썽거리로 지적되었기 때문에 등록 절차가 엄격해졌습니다. 그러나 지금까지 상상하지 못했던 기상천외한 새로운 수법이 계속 나타나는 한 완전히 사라지기는 어려울 수도 있습니다.

> 경북소방본부는 부하 직원이 실리콘 위조 지문을 찍도록 해 초과근무 수당을 챙긴 간부 임모 씨(59) 등 2명을 해임했다고 6일 밝혔다. 또 환수 및 가산 징수금으로 각각 990만 원과 910만 원을 부과했다.
>
> ○「'실리콘 위조 지문'으로 … 초과근무 수당 챙긴 소방공무원들」, 『동아일보』, 2015년 11월 6일.

> A씨는 지난 1~8월 매크로 프로그램으로 저녁 늦은 시간까지 일한 것처럼 초과근무 시간을 입력해 부정 수당 160여만 원을 챙긴 혐의를 받고 있다.
>
> ○「공무원 초과근무 부정 수령, 이젠 매크로까지 돌렸다」, 『국민일보』, 2021년 12월 29일.

조선 시대 공무원들은 지금보다 훨씬 일찍 출근해야 했습니다. 보통은 묘시(오전 5~7시)였고, 겨울에는 진시(오전 7~9시)가 출근 시간이었습니다. 퇴근은 유시(오후 5~7시)에 했습니다.

중앙 공무원들은 매월 여러 차례 궁궐에서 열리는 정기 조회에 참여해야 했습니다. 매월 1일과 보름에 축하 조회가 열렸고, 매월 4회(5, 11, 21, 25일) 조회가 정기적으로 열렸습니다. 조회에는 모든 관리가 정복을 입고 궁궐에 들어가 임금에게 인사를 올려야 했습니다. 또한 매일 상참도 열렸습니다. 상참은 의정부와 육조, 한성부, 사헌부, 사간원, 홍문관 등 핵심 부서 관원들이 국왕에게 문안하는 약식 조회였는데, 주로 각 부서를 대표해 당상관들이 여기에 참여했습니다.

고려 시대에는 임금의 명령으로 낮 길이에 맞춰 출퇴근 시간을 조절했다는 기록이 남아 있습니다. 『고려사절요』에 나오는 문종 때의 일입니다. "계절에 따라 낮 길이가 다르니 이제부터 해가 길 때는 진시가 시작될 때(오전 7시) 출근하고, 짧을 때는 사시가 시작될 때(오전 9시) 출근하라."

옛날에는 지금과 같은 주말 개념이 없었습니다. 다만 매월 1, 8, 15, 23일 등에는 업무를 하지 않는 휴일을 가졌습니다. 또 설날이나 대보름, 단오와 같은 명절 연휴가 있었고, 지방에 계신 부모를 만나러 가거나 조상의 묘를 돌볼 때는 특별휴가를 며칠 사용할 수 있었습니다.

당시 관리들은 출근하면 출근부에 해당하는 공좌부에 기록해야 했습니다. 이 공좌부를 근거로 공무원들의 근무 태도를 점검하고 평가와 인사 발령의 근거로 삼았습니다. 따라서 허위로 기재하거나 조작하면 강력한 징계를 받았습니다.

> 윤지화를 파직시켰다. 사헌부에서 보고하기를, "윤지화는 공좌부를 지우고 출근하지 않은 날에 서명을 했으며, 또 동료가 출근하지 않은 날에도 이를 지우고 대신하여 서명했습니다"라고 했기 때문이다. ○『태종실록』 21권, 411년(태종 11년) 1월 6일.

> "심종직은 결근 사실을 숨기기 위해 공좌부를 지워버린 술수를 부렸으니 마음 씀이 극히 간교합니다. 파직을 명하소서."
>
> ○『선조실록』 70권, 1595년(선조 28년) 12월 23일.

또한 근무 시간을 제대로 지키지 않으면 엄격히 처벌하도록 규정했습니다. 하루 무단결근을 하면 회초리 열 대를 맞아야 했습니다. 세종 때는 출근하지 않은 날이 최대 20일이면 파직하도록 결정하기도 했습니다. 1401년(태종 1년) 11월 관리가 술에 취해 출근하지 않자 화가 난 임금이 감옥에 가두도록 명령하기도 했습니다. "관리 윤회가 하루는 술에 취하여 일어나지 않았다. 감옥에 가두었다."

임금 옆을 지키며 비서실 역할을 해야 하는 승정원은 근무지를 함부로 벗어나서는 안 되는 곳이었습니다. 승정원의 업무 처리 지침을 담은 '은대조례'에서도 다음과 같이 엄격한 근무 태도를 요구하고 있습니다.

> 출근할 때는 하위 승지부터 먼저 들어가되, 뒤늦게 온 자에게는 차례차례 벌칙을 행한다. 날마다 출근과 퇴근 상황을 써서 들여보낸다. 공무가 아니면 근무 장소를 이탈하지 못한다.

그런데도 근무를 게을리하는 승정원 관리가 많았습니다. 1612년(광해군 4년) 4월의 보고입니다. "승정원은 임금을 가까이 모시고 있으므로 밤낮으로 관청을 비우지 않도록 하는 유래가 오래되었습니다. 그런데 근래 태만이 습관으로 굳어져 봄과 여름 해가 길 때도 퇴근 시간 전에 공공연히 퇴근하는가 하면, 심지어는 오전에 멋대로 나가는 자가 빈번히 있으니 매우 놀랍습니다."

심지어 다산 정약용도 승정원에서 일하면서 근무지를 무단으로 이탈한 적이 있습니다. 그것도 임금 최측근인 좌부승지로 일하던 1797년(정조 21년) 초여름의 일입니다. 당시 36세이던 그는 훌쩍 도성을 빠져나가 고향인 남양주로 떠났습니다.

> 법에는 벼슬하는 자라면 임금을 뵙고, 허락을 구하지 않고서는 도성 문을 나설 수 없었다. 그러나 뵙고 재가를 얻을 수 없었으므로 그대로 출발했다.

명백한 근무지 무단이탈입니다. 그는 이후 『여유당전서』에서 "고향의 꽃과 고기잡이 생각이 나서 그랬다"라고 회고했습니다. 고향으로 간 그는 형제들과 함께 냇가에서 물고기를 잡고 산나물을 맛

보며 시를 짓고 3일간의 일탈을 즐겼다고 합니다. 이런 일이 있었는데도 정조의 굳건한 신뢰를 받던 그는 별다른 처벌을 받지 않았다고 합니다.

5.

공무원도 경제 활동이 중요하다

봉급이 적다는 건 알았지만

"솔직히 답답합니다. 이제 가정도 꾸려야 하고 결혼도 생각은 하고 있는데…." 1000명이 넘는 독거노인을 담당하는 8급 공무원 A씨는 최근 〈MBC 뉴스〉에 출연해 자신의 월 실수령액이 180만 원 정도라며 현실의 벽에 부딪히고 있다고 토로했다.

○ 「180만 원 받는 공무원입니다 … 결혼하고 아이 키울 수 있나요?」, 『서울신문』, 2022년 8월 23일.

공무원 시험을 준비하는 힘든 시기에는 합격만 하면 월급을 받지 않고도 일할 수 있을 것 같습니다. 합격하고 공무원이 되면 자연스레 봉급에 대한 관심이 높아집니다. 물론 많은 경제적 보상을 바라고 공무원을 선택한 것은 아니지만, 사회생활을 해야 하는 입장에서 적정한 보상을 원하는 심리는 공무원이라고 해서 크게 다르지 않습니다.

봉급은 먼저 생계유지를 위해서 필요합니다. 근무 의욕을 높이고, 직장생활을 계속할지를 결정하는 데도 큰 영향을 미칩니다. 그리고 소득수준은 자본주의 사회에서 사회적 지위를 결정짓는 중요한 평가 기준으로 활용되고 있습니다.

공무원 봉급은 민간 기업과 달리 국민이 내는 세금으로 지급되고, 보수 산정이 사회에 미치는 영향이 크기 때문에 정치적 통제와 관리 대상이라는 특징이 있습니다. 또한 노동 가치에 대한 계산이 어렵고 노동을 제공하는 공무원이 임금 결정 과정에 참여하기 힘들다는 성격도 있습니다. 그래서 공무원의 보수 수준은 대체로 민간 기업에 비해 낮은 것이 대부분의 국가에서 나타나는 경향이기도 합니다.

> 9급 1호봉 실수령액 160만 원대
>
> 열악한 근로 조건에 청년 세대가 공직을 기피하고 있다. … 하급공무원 임금의 경우 최저임금 수준에도 못 미친다.
>
> ○ 「매력 떨어진 공직: 최저임금만 못한 9급 월급 … 국가직은 '생활고'」, 『이투데이』, 2022년 6월 7일.

최근 들어 젊은 공무원들이 공직을 많이 떠나거나 공무원 시험 경쟁률이 떨어진 현상에 대해 낮은 급여가 중요한 이유라는 분석이 늘고 있습니다. 불과 2~3년 전 공무원 시험 경쟁률이 지금보다 높았을 때는 공무원 급여가 상당히 높다는 기사도 많았습니다. 짧은 기간 동안에 공무원 임금 수준이 거의 변하지 않았는데, 전혀 다른 시각으로 보고 있는 것입니다.

> 5급 공무원 연봉은 대기업 평균은 물론 상위 25퍼센트 대기업 평균보다 높은 것으로 나타났다. 7급 공무원 연봉은 중견기업 평균에 거의 육박한 수준이며, 9급 공무원 연봉은 중소기업 평균보다 다소 낮지만, 하위 25퍼센트 중소기업 평균보다는 높았다.
>
> ○「공무원은 박봉? 대기업 뺨치네!」, 『주간동아』 1226호, 2020년 2월 20일.

심지어 2017년 한국경제연구원 조사에서는 재학 중 공무원 시험에 합격한 사람은 퇴직할 때까지 민간 기업에 취업한 사람보다 최소 3억 3605만 원에서 최대 7억 8058만 원까지 높은 누계 소득을 기대할 수 있다고 발표하기도 했습니다. 물론 이 조사는 공무원 임금 인상률을 연평균 7퍼센트대로 대기업(6.2퍼센트)보다 높게 예상하고, 퇴직 연령(평균 56~59세)도 대기업 평균(52세)보다 높게 기준을 둔다는 점에서 실제 현실과는 상당한 차이가 있습니다.

20년 전인 2000년대 초반에는 결혼 시장에서 사법 시험 합격자들의 인기가 낮아진 반면, 행정 고시 합격자들의 인기가 높아졌다는 기사까지 등장하기도 했습니다.

'결혼 시장'에서 남편감으로 사시 합격자들의 인기는 시들해지고 있는 반면 행정 고시 합격자들이 상종가를 치고 있는 것으로 나타났다. … 이러한 현상은 미혼 여성들이 판·검사 임용률이 낮은 사시 합격생보다는 오히려 100퍼센트 고위 공무원으로 임용되는 행시 합격자를 선호하고 있는 데 따른 것이다. 특히 행시 합격자의 경우 구조 조정과 실업 한파로 경제 불안이 확산되는 가운데도 평생직장이 보장되고 있다.

ㅇ「행시 인기 사시 추월?」, 『서울신문』, 2002년 12월 30일.

흥미로운 점은 의사, 변호사, 박사 등 전문 직업군이 취업에 어려움을 겪고 있다는 이야기가 이미 이보다 한참 전에 언급되었다는 것입니다.

의사·변호사·박사. 인기 정상의 전문직 '3사'가 취업난을 겪고 있다. … 열쇠 3개 (아파트·자동차·사무실)를 보장받던 '3사 보증 수표 시대'는 물 건너갔다는 얘기다. 의사는 불과 10년 사이 두 배로 늘어나면서 의사 국가고시에 합격한 후 인턴·레지던트 자리조차 제대로 구하지 못하는 데다 전문의 자격을 취득해도 병원 취업은 하늘의 별 따기. 개업해봤자 의료보험 때문에 옛날처럼 재미를 볼 수도 없는 실정. 변호사는 82년 사법 시험 합격자를 300명으로 1년 사이 두 배 이상 갑자기 늘리는 바람에 판·검사 임용은 3분의 1도 안 된 채 무더기로 변호사 개

> 업. 대부분 사무실 유지에도 어려움을 겪고 있다. 박사학위 취득자는 최근 크게 늘어난 국내 박사에다 해외 박사까지 겹쳐 대학마다 교수(조교수 급) 모집에는 박사학위 소지자들끼리 5 대 1 이상의 치열한 경쟁을 벌이기 일쑤다.
>
> ○「의사·변호사·박사 '3사'도 일자리 없다」, 『중앙일보』, 1987년 3월 21일.

현재 9급 공무원 월급은 하루 여덟 시간씩 일하는 최저임금 근로자보다 조금 더 많은 수준이라고 합니다. 실제 '2022년 공무원 봉급표'에 따라 비교해보면 9급 공무원 초임(1호봉) 월 기본급은 세전 168만 6600원입니다. 급식비와 기본으로 지급되는 시간외수당 등 각종 수당을 더하면 실제 지급받는 월 급여액은 224만 1750원입니다. 이를 연봉으로 계산하면 2690만 원입니다. 최저임금(2022년 기준 시간당 9160원)을 받는 근로자 월급은 191만 4400원이며 연봉은 2297만 원입니다. 결국 9급 공무원이 월 33만 원, 연 기준으로는 393만 원을 더 받습니다. 보통 몇 년이 걸리는 힘든 시험 준비 기간을 거쳐 공무원이 되었다는 점을 감안한다면 상대적 박탈감이 생길 수도 있습니다.

공무원의 임금 수준은 처우가 비슷하다고 평가받는 공공기관과 비교해도 상대적으로 떨어집니다. 2021년 초임 봉급을 기준으로 할 때, 공공기관 신입 사원 초임은 평균 연봉이 3728만 원이고, 기본급은 2975만 원이었습니다. 기본급 기준으로 9급은 물론 7급(2278만 원)과 차이가 크고, 5급(3078만 원) 초임과 비슷했습니다.

매년 인사혁신처에서 발표하는 '민관 보수 수준 실태 조사'에서는 공무원의 봉급 수준을 민간과 비교해 비교적 차이를 정확하게 확인할 수 있습니다. 민간 임금을 100이라 할 때 공무원 보수 수준을 나타내는 공무원 보수의 민간 임금 접근율은 2021년 기준 87.6퍼센트입니다. 2020년에는 90.5퍼센트를 기록하기도 했지만, 다소 격차가 늘어났습니다.

기존에 민간과 큰 차이가 나던 공무원 보수는 국민의 정부(1998~2003년)를 거치면서 큰 폭으로 상승했습니다. 1999년 일반직 공무원과 민간 기업(대기업 200개, 중소기업 200개)의 보수를 비교 조사한 결과에서, 동일 근무 연수를 기준으로 공무원은 전체 민간 기업의 87.2퍼센트 수준이며, 5급 이상은 85.9퍼센트, 6급 이하는 91퍼센트 수준으로 나타났습니다. 세부적으로 보면 대기업의 70.4퍼센트 수준에 불과했으며, 중소기업과는 모든 직급에서 대등한 수준으로 분석되었습니다.

그리고 1999년부터 공무원 급여 정책을 담당하던 중앙인사위원회가 '보수 현실화 5개년 계획'을 수립하고, 상당한 봉급 인상을 실시하면서 민간과의 격차를 많이 줄였습니다. 실제 2004년에는 95.9퍼센트 수준까지 접근하기도 했습니다. 그러나 2008년 글로벌 금융위기 등으로 국가 재정 여건이 어려워지면서 2009년과 2010년에는 보수가 동결되었습니다. 이후에도 공무원 임금 인상을 억제함으로써 그 비율은 다시 80퍼센트대 수준으로 떨어졌습니다.

최근 5년간 공무원 임금의 평균 인상률은 1.9퍼센트입니다.

2018년 2.6퍼센트, 2019년 1.8퍼센트였던 인상률은 2020년 2.8퍼센트로 3년 만에 가장 큰 폭으로 올랐습니다. 그렇지만 2021년과 2022년에는 각각 0.9퍼센트, 1.4퍼센트 인상에 그쳤습니다. 반면 최근 5년간 생활물가 연평균 상승률은 3.9퍼센트이며, 같은 기간 서울 집값 상승률은 12.9퍼센트를 기록했기 때문에 결국 실질적으로는 마이너스 상태라고 볼 수 있습니다.

공무원의 임금은 2020년부터 공무원보수위원회에서 권고안을 결정하고 있습니다. 위원회는 정부 위원, 노조 위원, 공익 위원 등 총 15명으로 구성되는데, 표결에 따라 봉급 인상률 권고안이 결정됩니다. 이 위원회의 결정을 바탕으로 국가 예산을 편성하는 기획재정부가 경제 상황, 국가 재정, 물가 인상률과 같은 여러 요소를 감안해 공무원 보수를 최종 결정합니다. 2022년에는 위원회에서 1.9~2.2퍼센트 인상을 권고했지만, 최종적으로 1.4퍼센트만 인상되는 등 그동안 권고안보다 낮은 수준에서 인상률이 결정되었습니다.

미국, 영국, 일본, 독일, 프랑스 등 주요 다른 나라의 공무원 임금 결정 구조를 살펴보더라도 임금 단체교섭이 예산 편성에 영향을 줄 가능성이 없거나 매우 낮은 수준이라고 합니다. 설령 단체교섭이 임금 결정에 영향을 주더라도 사전에 충분히 예측해서 감안할 수 있는 정도입니다. 또한 영국을 제외한 다른 4개 국가들은 전국적으로 통일된 보수 체계를 유지하고 있으며, 인사 관리를 담당하는 부처에서 국가 예산과 부처 운영비 한도 내에서 보수를 정합니다.

그런데 싱가포르는 대부분의 국가와 달리 공무원 임금 체계가 독특합니다. 싱가포르 초대 총리이자 31년 동안 장기 집권한 리콴유李光耀는 30년 전 '민간보다 나은 대우로 최고 인재를 뽑아 국가 경영을 맡겨야 한다'는 강력한 소신을 바탕으로 독창적인 공무원 보수 체계를 만들었습니다. 법률, 금융, 회계 등 전문직 6개 업종에서 8명씩 최고 소득자를 선별한 뒤, 이들을 소득 순으로 줄 세우고 그 중앙값의 3분의 2 수준을 고위 공직자의 연봉 기준선으로 삼았습니다. 그 결과 현재 싱가포르 총리 연봉은 미국 대통령보다 네 배 많은 18억여 원이고, 장관 연봉은 5~8억 원에 이르는 높은 수준입니다.

그렇다면 50여 년 전인 1970년대 우리나라 공무원의 봉급 수준은 어떠했을까요? 1972년 9급 공무원(현재 5급) 1호봉 월급은 1만 7300원이었습니다. 30년이 지난 2022년 5급 1호봉의 월급은 260만 6400원입니다. 시대가 다른 만큼 둘의 수준을 단순 비교하기는 당연히 어렵습니다. 그런데 서민 음식인 짜장면으로 비교하면 좀 더 명확해질 수 있습니다. 1972년 짜장면 한 그릇 값이 100원이었다고 하니, 173그릇에 해당합니다. 2022년 짜장면 값을 6000원으로 보면 434그릇을 먹을 수 있습니다. 1972년과 2022년을 비교하면 2.5배 차이가 납니다. 물론 월급을 몽땅 먹는 것에만 쓰는 것은 아니고 주거비와 생활비의 증가를 감안해 차이를 비교해야 합니다. 그렇지만 옛날보다 상당히 늘어난 것은 사실입니다.

1895년 8월 발간된 『일청전쟁실기日清戰爭實記』에는 조선 말기 관리들의 월급을 기록하고 있습니다. 총리대신은 300원, 대신·찬성은 200원, 부윤·도헌은 120~150원, 참의는 80원, 주사는

15~40원이었습니다. 당시 1원은 현재 가치로 약 4만 원 정도로 추산된다고 하니 주사는 60~160만 원을, 장관급(대신·찬성)은 800만 원가량을 받은 셈입니다.

공무원의 삶의 질에 가장 큰 영향을 주는 요인은 담당 업무, 보수 등 매일 일터에서 마주치는 직업생활 영역에서의 만족도입니다. 2016년 서울대학교에서 공무원들이 자신들의 삶에 얼마나 만족하는지를 조사한 적이 있습니다. 만족도를 보면 지방 공무원(6.66점)이 중앙 공무원(6.36점)보다 높았으며, 남성(6.55점)이 여성(6.33점)보다 높다는 결과가 나왔습니다. 근무 기간별로는 26년 이상(6.94점)이 5년 이하(6.01점)보다 훨씬 높게 나타났습니다. 결국 재직 기간이 길고 직급이 높을수록 만족도가 높은 현상이 두드러진 것을 알 수 있습니다. 여기에는 근무 기간이 늘어날수록 지위와 봉급 수준이 올라가는 현재의 공무원 연공서열 방식도 많은 영향을 미친 것으로 보입니다.

사실 공무원이 임금 수준에 얼마나 만족하는지는 일반 기업과 비교해봐야 더 정확하게 알 수 있습니다. 2014년 한국고용정보원에서는 22~36세 청년을 대상으로 한 '청년 패널 조사'에서 직업별 만족도를 조사한 적이 있습니다. 당시 공무원 취업자(208만 5000원)는 민간 회사(240만 6000원)나 외국인 회사(291만 1000원)보다 적은 임금을 받았지만, 만족도에서는 5점 만점 중 3.71점으로 민간 회사(3.54점)와 외국인 회사(3.57점)보다 높다는 결과가 나왔습니다. 특히 복리후생과 고용 안정성 측면에서 높은 만족도를 나타냈다고 합니다. 결과적으로 공무원은 일반 기업보다 적은 임금을 받지만 다른 요소들로 인해 높은 직업 만족도를 나타낸다고 볼 수 있습니다.

옛날 관료들은 일한 대가로 녹봉을 받았습니다. 녹봉은 고정적으로 지급되는 녹祿과 특수한 경우 지급되는 봉俸을 합친 단어입니다. 국가가 관료들에게 지급하는 녹봉은 부정에 빠져들지 않고 청렴하게 관직에 전념하라는 취지에서 국가에서 조세로 거두어들인 쌀 등을 현물로 지급했습니다.

조선 시대에는 녹봉을 받는 공무원이 5000여 명이었는데, 그중 대부분은 직업 군인들이었다고 합니다. 지방행정을 담당하는 이방, 호방과 같은 향리들은 무급으로 일했습니다. 그렇지만 대부분의 향리들은 지역 사회에 든든한 경제적 기반을 구축했기 때문에 생계에는 큰 어려움이 없었습니다. 그러나 이 때문에 백성을 괴롭히고 부정부패와 결탁할 가능성은 아주 높았습니다.

신라 신문왕 때 녹봉이 주어졌다는 기록이 남아 있는 것으로 볼 때, 삼국 시대에도 관리들에게 녹봉을 지급했다는 것을 알 수 있습니다.

> 내외관의 녹읍을 혁파하고, 매년 녹봉을 내리되 차등 있게 하는 것을 형식으로 삼도록 지시를 내렸다.
>
> ○ 『삼국사기』, 689년(신문왕 9년).

조선 시대에는 관료가 되면 임명장인 고신告身과 함께 녹봉을 받을 수 있는 지급증과 같은 '녹패祿牌'를 지급했습니다. 녹패에는 녹봉의 내역 등이 적혀 있었습니다. 관료들은 이 내역이 적힌 녹봉 인수증과 녹표를 발급받아 녹봉을 지급받았습니다. 당시에는 녹봉 지급 업무를 담당하던 관청인 광흥창으로 직접 가서 녹봉을 수령해야 했습니다.

1984년 갑오개혁 이후 화폐 제도를 개혁하기 전까지 녹봉은 현물로 지급했습니다. 주로 쌀, 콩, 보리 등 곡식 중심이었고, 마포나 명주 같은 직물, 종이돈인 저화 등으로 구성되었습니다. 고려 시대부터 16세기 중반까지는 관리들의 처우나 생활 보장 차원에서 토지인 과전科田도 지급해 퇴직 후에도 조세를 받게 했지만, 그 이후에는 녹봉만 지급했습니다.

1407년(태종 7년) 녹봉제에 관한 기록을 보면, 가장 높은 관직인 정승은 1년에 쌀 약 100석과 베, 비단 등의 천 32필을 받았습니다. 가장 낮은 관직인 종9품은 1년에 쌀 약 14석, 베 4필을 받았다고 합니다. 조선 초기에는 1년에 두 번 녹봉을 지급했으나, 1435년 세종 재위 기간에 각 계절의 첫 달인 1월, 3월, 7월, 10월 네 차례로 나누어 지급하도록 바뀌었습니다.

그러다 숙종부터는 월봉제가 되어 매달 지급했습니다. 녹봉의 양은 국가 재정 상황에 따라 변화가 컸습니다. 임진왜란 이후 나라 재정이 악화되자 점차 감소 추세를 보이다가. 1691년(숙종 17년) 남부지방에 심각한 기근이 들었을 때는 모든 관원의 녹봉을 줄여 쌀 한 석에 좁쌀만 지급하기도 했습니다. 조선 초기와 비교해보면 4분의 1

에 불과한 양입니다.

그렇지만 관료들이 남긴 기록을 보면 정해진 규정보다 훨씬 못한 수준을 받는 경우도 많았던 것으로 보입니다. 조선 전기 전라도 관찰사와 이조참판 등 고위 관직을 역임한 유희춘의 『미암일기』에도 녹봉과 관련된 내용이 있습니다. 유희춘은 1568년(선조 1년)부터 1575년(선조 8년)까지 총 17회의 녹과 1회의 봉을 받았는데, 지급 규정에 맞는 양을 받은 것은 17회 중 6회에 불과하고 나머지는 실제보다 적은 양을 받았다고 기록했습니다.

그러다 보니 재력 있는 가문 출신의 관료들에게는 녹봉이 그다지 의미 있는 수입원이 아니었습니다. 유희춘은 『미암일기』에 지방관과 동료 관리, 친인척, 제자, 지인에게 받은 물품을 기록했습니다. 10여 년간 총 2855회에 달한다고 하니, 매월 평균 24회에 이르는 수준입니다. 그가 1년 동안 받은 녹봉은 백미 51섬 정도지만, 같은 시기 지방관이나 친척들에게 받은 선물이 186섬, 토지 수확량이 83섬이나 되었습니다. 유희춘은 녹봉을 주로 고향인 전라도 해남을 떠나 서울에서 머물던 가족과 노비의 양식과 손님 접대에 사용했으며, 필요한 책과 약재를 구입하고 관복을 사는 데 썼습니다.

유희춘과는 달리 녹봉에 전적으로 의존해야만 하는 가난한 관료들은 녹봉에 관심이 많을 수밖에 없었습니다. 조선에서도 낮은 급여에 대한 불만은 여전했습니다. 훈련원 근무자 13인이 함께 임금에게 호소하기도 했습니다.

> "다른 잡관들은 일도 없이 녹을 먹는 사람들이 매우 많습니다. 저희는 갑옷에 무기를 들고 비바람을 무릅쓰고 남북 국경을 지키려 왔다 갔다 하는 노고가 열 배가 넘는데도 8~9년이 된 뒤에야 실제 벼슬로 옮길 수 있게 되어, 궁핍한 한탄을 견디지 못하겠습니다." ○『중종실록』 16권, 1512년(중종 7년) 6월 2일.

조선 전기에 이조참판 등 고위직을 지낸 김종직은『점필재집佔畢齋集』에서 한양의 셋방살이 설움을 한시로 남기기도 했습니다.

> 성 안에 있는 몇몇 집들은
> 다 내가 머물러 살았던 집인데
> 때로는 몰아 내쫓음을 당하여
> 동서東西로 자주 떠돌아다녔네.

이후 그는 궁궐에서 비교적 가까운 남산 아래에 셋방을 얻고서야 안정적인 출퇴근이 가능하게 되었습니다. 당시 남산 기슭은 가난한 양반들이 모여 살던 곳이었습니다.

> 남산 아래에 셋집 얻고 사노니
> 나귀 타고 출퇴근을 할 만하다.

나라 재정은 궁핍하고 어려웠기 때문에 국가에서는 청렴과 근검을 내세우는 청백리를 칭송하며, 빈곤을 핑계로 발생하는 관료들의 부정부패를 막고자 노력했습니다.

> 조원기는 천성이 청렴하고 검소하였다. 일찍이 경원 부사로 있을 때에 흉년을 만났는데, 추운 겨울에도 술을 마시지도 않고 백성들을 돌보는 것에만 전념하여서 백성이 많이 힘을 얻어 살아났다. 김연수는 청렴하고 간소하였다. 일찍이 장흥 부사로 부임하는 길에 공주 목사가 술과 음식을 가지고 방문하였는데 이튿날 모두 돌려보내니 목사가 크게 부끄러워하였다.
>
> ○ 『중종실록』 21권, 1515년(중종 10년) 2월 16일.

고려 숙종 때 정목은 병부, 예부의 시랑을 역임한 고위 관료였는데, 1년에 쌀, 보리, 조 등으로 200여 석을 받았다는 기록이 있습니다. 그는 이 가운데 35석은 일가친척이나 마을 사람들에게 나눠주었다고 합니다. 그래서인지 정목의 묘지명에는 그가 녹봉을 받으면 주변 친척은 물론 마을의 가난한 사람들에게까지 혜택이 미쳤다고 기록되었다고 합니다.

고려 말 우왕 때 일입니다. 관료들에게 녹봉을 지급할 때가 되자 왕이 명했다고 합니다.

> "재상들은 이미 부유하니 녹봉을 주지 않아도 괜찮다. 먼저 먹을 것이 없는 군졸들에게 지급하라"고 왕이 명령하니 나라 사

람들이 모두 기뻐하였다.

○ 『고려사』 권126, 열전 권제39 「간신 2」, '임견미'.

성과급의 중요성은 커져만 가고

> 삼성그룹은 22일 기본급의 최대 200퍼센트를 특별 격려금으로 지급한다고 임직원들에게 공지했다. … 삼성 관계자는 "글로벌 경쟁 심화로 악화된 경영 환경에서도 소임을 다한 임직원들의 노고에 감사를 표하고 위로와 격려의 뜻을 전달하기 위한 것"이라며 ….
>
> ○ 「삼성전자 과장 성과급 4000만 원 … 8년 만에 그룹 차원 특별 보너스」, 『머니투데이』, 2021년 12월 22일.

민간 기업 수준에는 당연히 크게 못 미치지만, 공무원들도 성과급을 받습니다. 공무원 임금 체계는 장기 근무를 독려하기 위해 원칙적으로 승진과 근무 연수에 따라 차근차근 늘어나도록 설계되어 있습니다. 즉, 재직 기간이 늘어날수록 총보수액이 증가하는 'J'자형

곡선을 특징으로 합니다.

오히려 최근 들어 공무원 봉급에 큰 영향을 미치는 것은 성과금 제도입니다. 현재 공무원은 업무 성과를 S-A-B-C 등급으로 나누되, S등급은 전체 인원의 20퍼센트, A등급은 30퍼센트, B등급은 40퍼센트, C등급은 10퍼센트로 해서 성과금을 지급하고 있습니다. 최근에는 S등급보다 위인 SS등급을 도입하기도 했습니다. 성과금은 등급에 따라 차등 지급하는데, 등급에 따른 금액 차이가 점점 커지고 있습니다. 많게는 수백만 원의 차이를 보여 경제생활에도 꽤 영향을 꽤 미칩니다.

성과상여금 제도는 공무원 사회에 경쟁 원리를 적용해 열심히 일하는 분위기를 조성하고, 행정의 생산성과 서비스의 질을 높이기 위해 도입되었습니다. 무엇보다 우수한 인재를 육성·관리하고 공직의 경쟁력을 높이기 위해, 공무원 인사와 급여 체계를 기존 사람과 연공 중심에서 성과와 능력 중심으로 개편하기 위해서라고 합니다. 이 제도는 1995년 근무 성적에 따라 수당을 주는 특별상여수당이라는 이름으로 처음 실시했습니다. 이후 성과상여금제로 바뀌어 1998년 중앙부처에 먼저 적용했고, 2003년부터는 전국 지방자치단체에서 시행되었습니다.

미국, 영국, 호주, 일본 등 OECD에 속한 많은 국가들도 공공 부문의 성과 개선을 위해 성과급제를 운영합니다. 나라별 정치 상황과 근무 환경 등에 따라 운영 방식에는 차이가 있지만, 도입 초반에는 관리직 중심으로 운영하다가 전체 공무원으로 확대되는 경향을 나타낸다고 합니다. 다만 공공 부문의 특성상 성과를 정확하게 측정하고 개인별로 기여도를 구분하기 어려운 점은 다른 나라에서도 모두 겪는 것으로 보입니다.

> 서울시 본청 공무원을 대상으로 한 설문조사에서 성과상여금제에 대해 응답자의 83.5퍼센트인 865명이 제도의 폐지를 주장했다. 이들은 성과에 대한 측정이 불명확한 상태에서 차등적으로 자급하는 일은 직원 상호 간의 불협화음만 유발할 가능성이 높다며 즉각 폐지(15.1퍼센트)와 폐지 후 배분(68.4퍼센트)을 주장했다.
>
> ○『문화일보』, 2001년 6월 20일.

우리나라에서 성과급제는 처음 도입할 때부터 논란이 많았고, 공무원 사회 내에서는 불만이 많았습니다. 제도가 도입된 지 20년이 넘은 지금까지도 공공 부문에 성과급제 적용이 타당한지 논란이 계속되고 있습니다. 성과급제를 도입한 근거는 공무원끼리 경쟁을 통해 개인과 조직의 업무 성과를 올린다는 이유가 가장 큽니다. 하지만 실제로 업무 성과가 향상되었다는 실증적 근거를 여전히 찾기 어렵다는 비판이 있습니다. 또 공무원 업무는 조직이나 팀으로 이루는 성과가 대부분이라 개인별로 성과를 측정하기 어렵고 계량화하기도 힘들다는 지적도 있습니다.

현직 공무원을 대상으로 한 2014년 연구에서도 성과급제가 동기 부여에 그다지 영향을 미치지 않는 것으로 드러났습니다. 오히려 근무 기간이 길수록 동기 부여에 긍정적인 영향을 미친다는 결과가 나왔습니다. 이는 장기 근무자가 높은 등급의 성과금을 받을 가능성이 높다는 점과 연관되는 것으로 보입니다.

그런데 성과금 지급과 관련해서는 매년 비슷한 문제가 계속 발생하고 있습니다. 성과급제를 관할하는 행정안전부의 강력한 제재 방침에도 여러 지자체에서 차등 지급받은 성과금을 다시 모아 재분배하는 일이 반복되는 것입니다.

> 행자부가 지난 6월 1일 전국 16개 광역자치단체 성과금 담당자들을 대상으로 한 조사에서 16명 모두가 "성과금이 재분배되고 있다"고 답했다.
>
> ◦ 「공무원 성과상여금 16년째 '나눠 먹기'」, 『세계일보』, 2015년 8월 30일.

> 동구와 남구는 성과급이 입금된 노조원의 통장을 받아 재분배하는 것으로 알려졌다. 북구는 동의하는 조합원에 대해 노조 '후원금' 명목으로 CMS를 통해 성과급을 받아 연말에 노조원들에 나눠주는 방안을 시행 중이다.
>
> ◦ 「광주 동·남·북구 공무원노조 성과급 재분배 '논란 반복'」, 〈연합뉴스〉, 2021년 4월 8일.

헌법재판소(2016년 12월 2일)는 성과금 재분배를 금지하는 규정에 대해 합헌이라고 판단했습니다. 직무 성과의 평가 기준이 공정하지 못하다고 불신하는 등 불합리한 측면이 남아 있더라도 제도 취지 자체를 없애버리는 재분배 행위를 허용할 수 없다는 취지였습니다.

제도를 도입한 지 20년이 넘어도 여전히 성과금을 균등하게 재분배하는 일이 발생한다는 것은 함께 일하는 주변 동료들과의 원만한 관계 유지 등도 원인으로 작용하지만, 공무원들 스스로 성과급 결정 과정의 타당성을 크게 신뢰하지 못한다는 의미로도 해석됩니다.

공무원을 대상으로 한 조사에서도 현재의 성과급 제도에 대해 모순적인 양면의 태도를 보인다는 연구 결과가 있습니다. 공무원들은 성과급 평가 결정에서 개인의 성과를 정확히 측정하지 못하고 연공서열적 질서가 그대로 반영된다며 왜곡된 제도 운영을 비판했습니다. 하지만 이를 어쩔 수 없다고 받아들이거나 나름의 정당성이 있다고 부득이하게 인정하는 모습을 보이기도 했습니다. 즉, 성과급 결정 과정이 합리적이지 않지만 현재의 조직 상황에서는 불가피하다며 수용하는 모습을 나타내는 것입니다.

결국 공무원들은 특정 부서의 우대, 연공서열 우대, 승진 대상자 우대 등을 성과급 결정 과정에 비공식적으로 적용하는 현상을 암묵적으로 인정하는 셈입니다. 원래 성과급 제도는 개인의 성과를 객관적으로 측정하고 이를 경제적으로 보상하겠다는 데 목적이 있습니다. 그러나 공무원 사회에 굳건히 뿌리내린 조직 체계를 무시할 수 없으므로 계급제 요소가 평가 과정에 개입되고 있는 상황입니다.

이처럼 성과급 결정에 위계질서가 중요한 평가 잣대로 활용되다 보니 근무 경력이 짧을수록 불리한 평가를 받을 가능성이 높습니다.

실제로 근무 기간이 상대적으로 짧은 주니어 공무원(48.3퍼센트)이 시니어 공무원(32.2퍼센트)보다 업무 성과에 상응하는 보상이 이루어지지 않는다고 부정적으로 평가하고 있습니다.

> SK하이닉스는 지난 28일 오후 늦게 사내 인트라넷에 초과이익분배금PS 비율을 공지한 바 있다. … 회사의 발표 직후 직장인 익명 애플리케이션과 사내 게시판 하이통 등에는 "노동조합은 부끄러워해야 한다"는 글이 올라올 정도로 격앙된 분위기가 감지된다. … 여기에 입사 4년 차임을 밝힌 한 직원이 CEO를 포함한 모든 구성원에 보낸 이메일이 불난 집에 기름을 부었다. 해당 메일은 "성과급 지급의 기준이 되는 지수 산출 방식을 공개해달라", "경쟁사와의 매출 격차는 인정하지만, 그 외 다른 경쟁사보다도 낮은 성과급의 이유는 무엇이냐"는 다소 민감한 내용을 포함하고 있는 것으로 알려졌다.
>
> ○「'성과급 지급 기준 알려 달라' SK하이닉스, 저연차 직원 메일에 '발칵'」, 『서울경제』, 2021년 1월 30일.

2021년 1월 SK하이닉스에서 젊은 직원이 성과급 배분에 공개적으로 의문을 제기하는 메일을 임원을 포함한 모든 직원에게 보낸 사건이 큰 파장을 일으켰습니다. 결국 그룹 회장이 책임을 느낀다며 급여를 반납하고, 사장은 소통이 부족했다는 공개 사과 편지를 쓰고, 성과급 배분 기준을 개선한다는 노사 합의까지 이루어진 다음에야 이 사건은 마무리되었습니다. 결과보다 과정을 중요시하고, 상대평가보다 절대평가가 공정하다고 여기는 젊은 세대에게는 어찌 보면 당연한 문제 제기였습니다. 민간 기업과 다르지만, 공무원 사회에서도 비슷한 논란이 발생할 여지는 충분히 있습니다.

사실 공무원 성과급제가 제대로 정착하기 위해서는 먼저 개인별 직무 분석이 전제가 되어야 합니다. 객관적으로 업무량이 얼마나 되는지와 도달해야 할 직무 성과를 명확히 정해야만 평가 결과를 납득할 수 있습니다. 이러한 분석이 충분히 이루어지지 않은 채 성과를 차등 평가하다 보니 비슷한 수준의 일을 한 동료보다 낮은 평가를 받는 사람은 결과를 받아들이기 어렵게 됩니다.

차등 평가로 성과급이 달라지면 낮은 평가를 받은 사람은 불편함과 배신감을 느낀다고 합니다. 심한 경우 무력감, 위화감, 박탈감으로 이어진다는 연구 결과도 있습니다. 무력감은 어쩔 수 없거나 참을 수밖에 없을 때 발생합니다. 위화감은 동료와의 유대 관계를 상실했다고 느끼거나 서열화로 피로감이 생기거나 등급 격차로 자존심이 손상됐을 때 생깁니다. 그리고 박탈감은 급여의 손해를 인식하거나 같은 일을 해도 보상이 차별적이라고 느끼면서 억울함으로 나타납니다.

조선 시대에도 전쟁이나 업무에서 특별한 성과를 나타낸 관리에게 녹봉 이외에 토지나 노비 등을 경제적 보상으로 하사하기도 했습니다. 임금이 특별한 공을 세운 신하들에게 토지를 내리는 '공신전功臣田'이 대표적입니다. 공신전은 원칙적으로 자손에게 상속이 허용되었고, 세금도 면제되는 특혜를 부여받았습니다. 업무 성과가 우수한 자에게 부여하는 일종의 성과급 제도라고 볼 수 있습니다.

그러나 조선은 건국부터 왕권을 강화하는 과정까지 여러 차례에 걸쳐 공신을 수백 명이나 책정하고, 많은 양의 공신전을 부여했습니다. 그러다 보니 3대 임금인 태종 때 '경기도 토지 14만 9000여 결 가운데 공신전이 3만 1000여 결에 달한다'라는 기록이 나올 정도로 토지가 부족해졌습니다. 이미 조선 초기에 경기도의 5분의 1이 넘는 땅이 공신전으로 배부된 것입니다. 이후에도 관료의 숫자가 증가하고, 영구적으로 세습되는 공신전이 계속 확대되어 갔습니다. 결국 관료에게 급여로 지급하는 토지인 과전科田마저 부족해질 지경이었습니다.

공신전이 경제적인 보상이라면, 임금이 신하에게 내리는 특별한 선물은 비경제적인 보상의 성과급으로 볼 수 있습니다. 왕이 주는 선물은 다양했고 이유도 갖가지였습니다. 얼음, 사냥한 짐승, 소주, 생선 등의 진귀한 음식이 인기 목록이었고, 솜옷, 호피, 모자 장식 등도 자주 활용되었습니다. 계절에 따라 선물 종류를 다르게 하기도 했습니다. 단오에는 부채, 새해는 음식, 한여름에는 얼음, 한겨울엔 귤을 보내는 방식이었습니다. 임금의 선물을 받은 신하는 감사와 충성을 표현하는 글인 사은전謝恩箋을 남겼는데, 다산 정약용이 유배지에서 쓴 시에도 임금에게 부채를 선물 받은 추억을 담고 있습니다.

| 지난 단오 날에 은혜의 부채 내리셨네

새로 만든 것이기에 긴 여름도 그것 때문에 시원했지 —

조선 시대에도 성과급 지급에 불만을 품어 나라를 시끄럽게 한 사건이 있었습니다. 인조반정(1623년)의 핵심 참가자였지만 1등이 아닌 2등 공신으로 책정되자 이에 반발하면서 일으킨 것으로 알려진 이괄의 난(1624년)입니다. 이 사건으로 인조는 서울을 떠나 충청도 공주까지 피란을 가는 치욕을 겪습니다. 지방에서 반란을 일으켜 서울을 점령한 것은 우리 역사에서 처음 있는 사건이었습니다.

> 역적 이괄은 훈신으로 망녕되게 자기의 공을 과신한 나머지 불만스러운 생각을 하고 있다가 변방의 지휘관으로 나가게 되면서 더욱 원망하는 마음을 품게 되었고, 이로 인해 반란을 도모하게 되었다. ◦『승정원일기』, 1625년(인조 3년) 4월 29일. —

누구에게나 퇴직의 시간은 다가오고

> 너희 젊음이 너희 노력으로 얻은 상이 아니듯, 나의 늙음도 내 잘못으로 받은 벌이 아니다. ○ 시어도어 로스케(미국 시인)

공무원도 나이를 먹고 일정한 때가 되면 공직을 그만두어야 합니다. 우리나라 공무원의 정년은 원칙적으로 60세입니다. 다만 판사(65세), 검사(63세), 교사(62세) 등 일부 공무원은 예외입니다. 정년에 이른 날이 상반기라면 6월 30일에, 하반기라면 12월 31일에 퇴직하게 됩니다.

최근 공무원을 그만두는 젊은 공무원이 크게 늘었다는 언론 보도가 계속되고 있습니다. 심지어 예전에는 생각하지도 못했던 파격적인 선택이 공무원 사회에 큰 충격을 주기도 했습니다. 2021년 말

행정 고시 출신 1년 차인 기획재정부 사무관이 경력을 인정받지 않은 채 IT 대기업의 신입 사원으로 이직한 사건입니다.

「기재부 1년차, IT 기업 갔다 … 2030 공무원 퇴직 4년 새 2배」

○ 『조선일보』, 2022년 8월 1일.

조기 퇴직이 급증하는 가운데 반대로 정년까지 일하는 공무원도 크게 늘어나고 있습니다. 일반직에 한해서 보면 2021년 정년퇴직은 2645명으로, 전체 퇴직자 8501명의 31.1퍼센트에 해당합니다. 10년 전인 2011년에는 7.9퍼센트에 불과했습니다. 5급 이하 실무자들은 자꾸 떠날 생각을 하고, 4급 이상의 관리자들은 승진 적체에 밀리면서 정년퇴직만을 기다리는 모양새입니다. 전반적으로 공직 사회가 고인 물이 되어가는 현상을 보이는 것입니다.

이제는 정책 결정이나 사회적 갈등의 중재 과정에서 행정부보다 국회가 중요해졌습니다. 공무원들의 역할이 점점 줄어들고 성취감이나 근무 만족도가 떨어집니다. 이것이 젊은 공무원들이 떠나는 중요한 이유라고 합니다. 반면에 퇴직 후 재취업 기준이 강화되는 등 민간으로 이직하기가 어려워진 고참들은 승진 여부와 관계없이 정년까지 근무하려는 경향이 강해지는 추세입니다.

법으로 정한 공무원 정년은 나라마다 차이가 있습니다. 미국과 영국은 정년 제한이 아예 없고, 독일과 스페인은 현재 65세에서 67세로 점진적으로 연장하고 있습니다. 60세가 정년인 중국도 65세로 올릴지를 고민 중이라고 합니다. 우리보다 먼저 고령화 시대를 맞이한 일본은 2021년에 현재 공무원 정년인 60세를 65세로 연장하기로 결정했습니다. 일본은 정년을 2023년부터 2031년까지 단계적으로 65세로 상향할 예정입니다. 그리고 고위직인 관리감독직은 60세로 제한하는 직책정년제를 마련하고, 60세가 넘는 공무원의 봉급은 기존의 70퍼센트로 하는 내용을 담았습니다.

일본에서 공무원 정년 연장이 가능했던 이유는 민간 부문에서 60세 퇴직 후 계약직으로 재고용하는 고연령자 고용 확보 조치가 먼저 정착되는 등 정년 연장을 긍정적으로 받아들일 고용 환경이 조성됐고, 민간 부문 임금과의 균형 고려 등 사회적 합의를 얻기 위한 노력이 뒤따랐기 때문입니다. 일본처럼 인구 구조의 고령화가 빠르게 진행되고 있는 우리나라도 이제는 정년 연장에 대한 사회적 관심을 가져야 할 시점이라고 봅니다.

조선 시대 관리들이 관직에서 물러나는 정년은 70세였습니다. 70세가 되면 관리 명부에서 완전히 삭제하고 녹봉 지급을 중단해 정년퇴직하도록 규정했습니다. 중국 고대 의례집인 『예경禮經』에서 '신하가 나이 70이 되면 관직을 나라에 되돌려야 한다'라고 한 데서 유래한 관례였습니다. 정년퇴직 제도를 벼슬의 끝에 도달했다고 하여 '치사致仕'라고 부르기도 했습니다. 따라서 70세가 되면 건강 상태와 관계없이 스스로 사표를 쓰고 물러나는 게 관례였습니다. 물론 이것은 규정일 뿐 임금이 은퇴를 막고 계속 일하도록 하는 경우도 있었습니다. 세종 때 오랜 기간 재상을 역임한 황희와 맹사성은 각

각 87세와 76세까지 일했습니다.

신라와 고려에서도 조선과 마찬가지로 70세가 정년이었던 것으로 보입니다.

> 5년(665) 봄 2월에 중시였던 문훈이 치사하여 벼슬에서 물러나자, 이찬 진복을 중시로 삼았다.
>
> ○ 김부식, 『삼국사기』 권 제6, 「신라본기」 제6 문무왕.

> 오수증이 치사하였다.
>
> ○ 『고려사』, 「세가」 권제12, 숙종 10년(1105년) 윤2월 9일.

조선 시대 양반들은 관직에서 물러난 뒤 대부분 고향으로 돌아갔습니다. 그러나 낙향한 후에도 양반 가문의 명성과 지위를 유지하기 위해 끊임없이 노력했습니다. 그들의 자손은 서원이나 개인 교습을 통해 교육을 받고 과거에 합격해 관료로 진출해야 했습니다. 퇴직한 양반은 향교나 서원에 계속 출입하며 다른 양반들과 깊은 유대관계를 맺어야 했습니다. 또한 친구들을 집으로 초대하고, 소홀하지 않도록 극진히 대접하기도 했습니다. 아울러 힘 있는 집안과 혼인을 맺어 인맥을 새롭게 넓히는 노력도 계속했습니다.

> 근래에 양반가에서는 술이 집에서 담근 것이 아니거나, 과일이 먼 지방에서 온 진귀한 것이 아니거나, 음식이 여러 품목이 아니

거나, 그릇이 온 상에 가득 차지 않으면 감히 모임을 만들지도 않는다. 반드시 여러 날을 마련한 뒤에야 초청하는 편지를 보낸다. 만일 이렇게 하지 않으면 사람들이 다투어 비난하며 인색하다고 한다. 그러므로 사치한 풍속을 따르지 않는 자가 드물다.

○ 심재, 『송천필담(松泉筆譚)』 —

공무원 퇴직과 관련해 사회적으로 논란이 많은 것은 재취업에 관한 문제입니다. 이른바 '관피아' 이야기입니다. 관피아는 '관료'와 이탈리아 범죄 조직인 '마피아'를 합친 합성어입니다. 관피아는 공직 생활 동안 영향력을 미쳤던 기관에 들어간 퇴직 관료 출신의 임원을 가리킵니다. 2014년 세월호 참사 때 공무원이 퇴직 이후 산하 기관에 재취업해 관리 감독의 부실을 야기한 원인이 되었다는 분석이 나오면서, 민관 유착을 뜻하는 말로 널리 쓰이기 시작했습니다. 이를 막기 위해 퇴직 전 3년 이내에 부서의 업무가 취업 기관과 밀접한 연관이 있으면 안 되고, 별도 취업 심사를 받게 하는 것과 같이 퇴직 공무원의 취업 제한을 강화하는 내용으로 '공직자 윤리법'이 강화되기도 했습니다.

| 세월호 참사로 관피아(관료+마피아) 문제가 대두되면서 '관피아 근절법'이 강화됐지만 3년이 지나서도 여전히 공직자 재취업이 이뤄지고 있다. 특히 공공기관장 또는 감사 가운데 '관피아'의 신규 임용 비중이 2014년 4월 세월호 참사 이후 1년간 급격

히 줄어들었다가 이후 두 배 이상으로 증가하며 원상태로 되돌아온 것으로 나타났다. ○「'세월호 재발 막자' 해놓고 다시 고개든 관피아」, 『머니투데이』, 2017년 4월 11일.

관피아는 공직에서 쌓은 전문성과 경험을 퇴직한 뒤에 활용한다는 긍정적인 측면도 있습니다. 그러나 기존에 쌓아둔 인맥을 활용해 해당 기관의 민원을 해결하는 역할을 맡는 사례가 많습니다. 그 결과 공공기관의 방만한 경영 등 부작용을 낳는 원인이 되거나, 퇴직 전에는 재취업을 기대하며 해당 기관에 부당한 편의를 제공할 우려마저 있습니다.

관피아라는 말은 모피아MOFIA에서 유래했다고 합니다. 모피아는 국가 주도의 경제 개발 시절 핵심 부처였던 옛 재무부MOF: Ministry of Finance 출신을 비꼬는 용어였습니다. 이들이 정계나 금융권에 진출해서 관련 기관을 장악하고 끈끈한 유대 관계와 힘을 통해 한국 경제에 큰 영향력을 미치는 모습이 마치 범죄 세계를 장악한 마피아의 행태와 비슷하다고 해서 그렇게 불리기 시작한 것입니다.

모피아(재무부)와 EPB(경제기획원)의 역사는 1940년대로 거슬러 올라간다. 낭시 재무부는 세세, 금융, 통화, 외환 입무를 담당했고 기획처는 국가 장기 전략과 비전을 수립하는 업무를 맡았다. 이때까지만 해도 큰 갈등은 없었다. 하지만 1961년 기획처가 경제기획원으로 확대 개편되면서 경제개발 종합 계획 수립,

국가 예산 편성 업무를 담당하자 영역이 겹치기 시작했다. … EPB와 모피아의 갈등은 업무 성향에서 비롯된다. EPB는 국가적 관점에서 업무를 추진해 개혁에 적극적이다. 반면 재무부는 실무를 주로 담당하다 보니 보수적이고 현실적이다. EPB가 개혁 정책을 추진하면 재무부는 비현실적이라고 발목을 잡는 일이 반복됐다. ○「모피아·산피아·국피아 … 뷰로피아(bureaucracy+mafia) 세상 대한민국」, 『매경이코노미』, 2013년 6월 19일.

모피아로 시작된 관피아라는 용어는 다른 영역까지 확대 사용되고 있습니다. 세피아(국세청 마피아), 법피아(법무부 마피아), 국피아(국토교통부 마피아), 교피아(교육부 마피아) 등의 신조어가 계속 재생산되는 것입니다.

관피아와 비슷한 말로 쓰이는 것이 낙하산 인사입니다. 명확하게 구분하자면 낙하산 인사는 보통 해당 직무와 상관없는 사람이 들어가는 것을 말하고, 관피아는 유관 업종 출신을 영입하는 것이라고 할 수 있습니다. 그러나 대부분은 별다른 구분 없이 사용하고 있습니다. 낙하산 인사란 말이 처음 등장한 것은 1961년 제3공화국 이후라고 합니다. 군인과 권력층의 친인척들이 중요한 자리에 임명되는 일이 자주 발생하자 이를 군사정부와 낙하산(공수부대)에 연결 지어 비판하기 시작한 것입니다. 낙하산은 이제 국립국어원의 표준국어대사전에도 등재된 말입니다.

[낙하산] 채용이나 승진 따위의 인사에서, 배후의 높은 사람의 은밀한 지원이나 힘, 또는 그 힘으로 어떤 자리에 앉은 사람을 비유적으로 이르는 말.

낙하산 인사는 공공기관의 기관장이나 이사, 감사 등과 같은 고위직 자리에서 주로 발생합니다. 일반적으로 선거 조직에서 활동하거나 선거운동 과정에서 기여한 사실을 인정받은 경우('정피아')나 고위 공무원 출신이 공공기관의 고위직으로 자리를 옮기는 경우('관피아')가 주로 낙하산 인사로 비판받습니다.

사실 낙하산 인사는 정도의 차이가 있지만, 동서양에 다 존재합니다. 프랑스에서는 '팡투플라주pantouflage'라는 말이 일상에서도 널리 쓰인다고 합니다. 이 말은 슬리퍼pantoufle에서 유래한 것으로, 슬리퍼를 끌며 이 방 저 방 옮겨 다니듯 퇴임 공직자들이 여러 회사들을 돌아다니는 것을 풍자한 말이라고 합니다. 낙하산 인사도 국가별로 다른 형태를 보입니다. 한국과 일본에서는 정년제도, 승진 등과 관련된 공무원의 내부 인사 시스템에 영향을 받습니다. 반면에 로비가 허용되는 미국과 영국에서는 민간 영역의 필요에 따라 공무원이 민간 기업에 취업하는 경우가 더 많다고 합니다.

민간에서도 '황금 낙하산golden parachute'이라는 말을 씁니다. 어떤 기업이 적대적 인수합병을 당해 최고 경영자가 사임할 때를 대비해 사전에 고액의 퇴직금 등 충분한 보상을 보장해두는 계약을 의미합니다.

우리나라와 비슷하게 일본 공무원 사회에서도 낙하산 인사가 논란이 되고 있습니다. 일본어로 '아마쿠다리天下り'라고 하는데, 일본 토착신앙인 신토神道에서 유래했다고 합니다. 원래는 하늘의 신이 땅으로 내려온다는 뜻이지만, 지금은 공무원이 퇴직 후 공공기관에 재취업하는 낙하산 인사라는 의미로 더 많이 쓰이고 있습니다. 즉, 하늘에서 내려와 '신의 직장'에 내려앉는다고 비아냥거릴 때 사용되는 것입니다.

일본에서 낙하산 인사가 뿌리 내린 것은 일본 공직 사회의 관례가 미친 영향이 크다고 합니다. '중앙 부처 공무원은 자신보다 나이 어린 상사를 모시지 않는다'는 관례입니다. 이런 관례 때문에 승진 경쟁에서 낙오하거나 동기가 상관으로 취임하면 정년을 채우지 않고 퇴직한다고 합니다. 이들에게는 독립 행정법인 등에 재취업할 수 있는 자리가 주어집니다. 퇴직 공무원에게는 고액 연봉이 보장되는 편안한 일터가 생기고, 법인 입장에서는 상당한 경력을 가진 든든한 배경으로 활용되는 실정이라고 합니다.

일본 정부도 낙하산 인사로 인한 비판이 계속되자 여러 방안을 통해 이를 강력히 규제했습니다. 그러자 정년을 채우고 퇴직하는 공무원 비율이 크게 늘어났다고 합니다. 그런데 중도에 공직을 떠나는 사람이 줄어드니 신규 채용도 줄어들 수밖에 없어 공무원 조직이 노쇠화되고 정체가 심해지는 문제가 발생하는 실정입니다.

앞에서 말했듯이, 조선 시대 관료들은 퇴직 후에는 은퇴하고 대부분 고향으로 돌아갔기 때문에 지금과 같은 낙하산 논란은 당연히 존재하지 않았습니다. 그런데 과거 시험을 통과하지 못하더라도 관료로 임용하거나 좋은 보직에 중용하도록 하는 '천거제'가 공무원 사회로 진입하는 일종의 낙하산으로 작용했습니다.

물론 개인의 능력이나 성품을 바탕으로 한 천거를 통해서도 훌륭한 인재가 배출될 수 있습니다. 명장 이순신이 오랜 친분이 있던 재상 유성룡의 천거로 빛을 발한 사례입니다. 변방을 떠돌다가 47세의 나이에 종6품인 정읍 현감에 불과했던 이순신을 유성룡은 무려 7단계나 품계를 올려 정3품 전라 좌수사로 임명하도록 추천했습니다. 그러자 지나치게 과도한 승진이라는 반대가 이어졌습니다. 특히 사간원이 강력하게 반대했습니다. "이순신은 현감으로서 아직 군수에도 부임하지 않았습니다. 인재가 부족하다고 하지만 벼슬을 남용하는 일이 너무 심합니다. 다시 결정해 주십시오." 그렇지만 임금은 의지를 굽히지 않았습니다.

> "이순신의 일이 그러한 것은 나도 안다. 다만 지금은 규칙에 구애될 수 없다. 인재가 모자라니 그렇게 하지 않을 수 없었다. 그 사람이면 충분히 감당할 터이니 벼슬의 높고 낮음을 따질 필요가 없다. 다시 말을 꺼내 그의 마음을 흔들지 말라."
>
> ○ 『선소실록』 25권, 1591년(신조 24년) 2월 16일.

조선 후기 이유원이 쓴 『임하필기林下筆記』에는 훌륭한 천거 사례로 이순신을 들었습니다. "이순신이 무신으로 있으면서 이름이 드러나지 않았는데, 유성룡이 재상이 되어 그를 쓸 만한 인재로 천거했다. 이리하여 정읍 현감에서 등급을 뛰어넘어 전라 좌수사로 임명했기에 마침내 국가 중흥에 첫째가는 명장이 되었다. 아, 지금 세상에 어찌 이와 같은 사람이 없겠는가? 다만 사람을 알아보고 천거할 수 있는 사람이 없을 뿐이다."

천거는 원래 시골에 묻혀 있는 인재를 발굴하기 위한 비정규적인 인사 제도였습니다. 그렇지만 세상에 나타나지 않은 숨은 인재를 새롭게 찾아내서 추천하는 것은 현실적으로 어려운 일이었습니다. 그래서 보통은 과거에 합격했지만 능력에 비해 적합한 벼슬을 받지 못하거나 하위 직급에 머물러 있는 인재를 천거를 통해 발탁하는 경우가 많았습니다.

1783년(정조 7년) 1월 5일 한성판윤이던 정창성이 형식에만 그치는 천거 제도의 개선을 건의합니다. "천거 제도가 요즘 들어 형식적인 것이 되어서 전혀 실효가 없습니다. 더러는 70, 80세 늙은 선비를 추천하여 책임만 메우고 있습니다. 그 사람에게는 참으로 영광이겠지만 인재를 구하는 데 있어서 과연 무슨 도움이 되겠습니까? 지금 관료들에게 40세 이하의 쓸 만한 사람을 널리 찾아서 추천하도록 해야 합니다. 조정에서도 그들에게 바로 직책을 제수할 것이 아니라, 먼저 벼슬 없는 상태 그대로 불러서 참으로 재능과 학문이 있는지를 타진한 다음에 실력을 평가해본다는 의미를 살려서 직책을 부여하여야 하겠습니다."

그런데 인재를 천거했는데, 그가 잘못하면 추천한 사람도 같이 책임져야 했습니다. 『경국대전』에는 천거한 자에 대한 책임을 함께 규정하고 있습니다. "중앙과 지방의 3품 이상의 관리들은 3년마다 각각 인재를 천거한다. 천거를 받은 사람이 만약 뇌물이나 횡령 범죄를 저지르거나 비윤리적인 죄를 저지르면 천거한 자도 함께 책임을 진다."

실제로 1411년(태종 11년) 12월 16일 홍서와 마천목이 예전에 관아 재물을 횡령한 죄로 파직되었던 이양수를 3품의 직에 임명하도록 추천했습니다. 그러자 사헌부에서는 이양수가 부적절한 인물이라고 반대하면서 그를 추천한 두 사람도 징계하라고 요구했습니다. "인재를 천거하는 것은 조심하지 않을 수 없습니다. 이양수는 간사하고 교활한 데다가 일찍이 도둑질한 죄까지 저질렀는데, 어찌 군사를 관할하고 무리를 이끌 수 있겠습니까? 홍서와 마천목은 법을 알고서도 이를 두려워하지 않고 잘못 천거한 것입니다. 두 사람을 법률에 의하여 엄격히 징계해야 마땅합니다." 그러나 임금은 더 논하지 말라고 해 처벌까지는 이어지지 않았습니다.

연금은 노후를 든든하게 보장할 수 있을까

내년 공무원·군인연금의 지출액이 27조 원에 달하고, 적자만 약 8조 원에 이를 것으로 전망됐다. 인구 고령화로 연금 불입액에 비해 지출이 크게 불어난 때문이다. … 공적 연금의 지출이 가파르게 증가하는 주된 원인은 인구 고령화에 있다. 고령층 인구가 증가하고 국민의 평균 수명이 길어지면 연금 수령액은 늘어나기 마련이다. … 공무원연금 · 군인연금은 관련 연금법에 따라 쓰이는 의무 지출이므로 재정 건전성 악화에도 정부가 지출 속도를 제어하기 어렵다. 정부가 연금 재정이 부실해지는 것을 막기 위해 매년 수조 원을 지원하고 있는 배경이기도 하다.

○ 「내년 공무원 · 군인연금서 27조 나간다 … 적자만 8조」, 『머니투데이』, 2022년 9월 5일.

공무원의 인기가 높은 것은 공무원연금으로 노후 보장이 든든하다는 점도 한몫합니다. 모든 공적 연금의 일차적 기능은 국민들의 노후 소득 보장에 있습니다. 그런데 공무원연금은 노후 소득 보장 목적 이외에도 공무원이 국민을 위해 일한 것에 대한 사후 보상이라는 인사 정책적인 기능을 동시에 가집니다.

공무원연금 정책을 담당하는 인사혁신처의 설명에도 공무원연금은 '정부와 공무원이 균등 부담하는 사회보험 성격이 있고, 재정수지 부족을 재정으로 보전하는 부양 원리를 혼합적으로 채택하고 있으며, 유능한 인재 등용을 위한 인사 정책적 의의 및 연금에 퇴직금의 일부가 포함되어 후불 임금 성격도 갖고 있다'라고 합니다.

연금은 고대 로마 시대에도 있었던 만큼 오랜 역사를 가졌습니다. 로마에서는 군인으로 20년 근무하면 평생 연금이 지급되었습니다. 중세 시대에 퇴직 신부는 재직 중의 기여도에 따라 교회에서 코로디corrody라는 사적 연금을 받았습니다. 16세기 말 영국과 18세기 후반 미국은 전쟁에 참여한 부상자와 유족을 지원하기 위해 연금을 지급했는데, 이것이 공무원으로 확산되어 현재 군인·공무원연금의 원형이 되었습니다. 근대적인 사회보장연금은 1889년 독일에서 정규 생산직과 저소득 사무직 노동자를 대상으로 도입한 노령·장애보험을 시초로 보고 있습니다.

고려 말과 조선 초기에도 관료들에게 과전을 지급해 퇴직 후에도 조세를 받을 권리를 부여했습니다. 이후 토지가 부족하게 되자 1469년(예종 1년)에는 종2품 이상의 고위직으로 근무한 관료에게

죽을 때까지 녹봉을 부여하는 '봉조하奉朝賀'라는 연금 제도를 잠시 도입하기도 했습니다. 우리나라에 근대식 연금 제도가 도입된 것은 일제강점기에 일부 공무원과 군인에게 퇴직 후 사망 때까지 지급하는 은급恩給이었습니다. 그런데 은급은 17년 이상 장기근속 해야만 받을 수 있어서 실제로 지급 대상이 된 사람은 그다지 많지 않았다고 합니다.

현재 우리나라의 공무원연금은 1960년 1월 도입했습니다. 기본적인 설계는 당시 일본 제도를 본뜨기는 했지만, 공무원들의 소득 보전을 위한 획기적인 제도였습니다. 1959년 10월 국회에서 법안을 제정할 때 야당에서는 '공무원의 환심을 사기 위한 선거용'이라며 극렬히 반대하기도 했습니다. 당시 재직 공무원은 35만여 명이었으나 지금은 그보다 세 배 이상 늘어났고, 연금 수령자는 60여만 명에 달합니다.

최초 설계 당시에 수령액은 20년을 가입하면 퇴직 당시 월급의 30퍼센트를 받는 것으로 시작했고, 이후 40~50퍼센트(1962년) → 50~70퍼센트(1967년) → 50~75퍼센트(1980년) → 50~76퍼센트(1983년)로 계속 늘렸습니다. 1983년에 재직 기간을 33년으로 늘리고, 군복무 기간도 재직 기간에 포함해 받는 돈을 증가시켰습니다. 그러다 1993년 첫 적자가 발생한 뒤 2010년과 2016년 두 차례 제도를 개선했습니다.

이에 비해 국민연금은 1967년 양로연금을 도입하겠다는 계획을 세우고, 1972년 유신 선포와 함께 국민 복지 향상이 과제로 등장하면서 1974년부터 시행하기로 결정했습니다. 그러나 1973년 오일 쇼크로 경제가 어려워지면서 무기한 연기되었고, 이후 1986년에야 국민연금 실시를 결정했습니다. 그러다 1988년 직장인을 상대로 한 국민연금이 처음 시행되었습니다.

> "그리스가 오늘까지 만기인 15억 유로를 갚지 못했으며 이사회에 그리스의 체납 사실을 알렸다." 국제통화기금 IMF가 어제(30일) 저녁 내놓은 공식 발표입니다. IMF가 1945년 창설한 이래 처음으로 채무를 갚지 않은 선진국이 나온 겁니다.
>
> ○ 「IMF 빚 못 갚아 … 그리스, 선진국 중 첫 국가 부도 사태」, 〈JTBC〉, 2015년 7월 1일.

방만하게 운영되는 공무원연금을 개혁해야 한다고 주장하면서 예로 드는 대표적인 사례가 그리스입니다. 2015년 7월 그리스가 국가 채무불이행인 '디폴트default'를 선언했습니다. 즉, 국가 부도 사태가 일어난 것입니다.

선진국인 그리스에서 국가 부도까지 일어난 데에는 다양한 원인이 있습니다. 그중에는 과도한 공무원연금 지급 수준도 중요한 이유로 꼽혔습니다. 2010년 IMF 구제금융 위기 직전까지도 그리스의 국가총생산GDP은 독일의 10분의 1에도 못 미쳤지만, GDP 대비 연금 지출은 독일의 12퍼센트보다 높은 17.5퍼센트였습니다. 또한 연금 수령액은 은퇴 직전 소득의 95퍼센트를 지급해 독일(42퍼센트),

프랑스(50퍼센트), 영국(33퍼센트)보다 훨씬 많았습니다.

> 공공 부문 일자리를 확대해 국민 소득을 늘려주겠다던 그리스 정부 공약은 공염불이 됐다. 공무원 임금과 연금을 지급하느라 재정은 거덜 났고, 결국 공무원을 줄이면서 연금까지 크게 삭감해 국민을 가난에 빠뜨렸다.
>
> ○「공무원 퍼주다가 곳간 텅 빈 그리스」, 『매일경제』, 2017년 12월 12일.

이후 2018년 그리스는 8년 만에 IMF 구제금융을 탈출했습니다. 경제 위기 극복을 위해 그동안 과도하다고 지적받던 연금 수령액을 70퍼센트나 대폭 줄여야 했고, 연금 수령을 시작하는 시기도 65세에서 67세로 2년 늦추기로 했습니다.

우리나라는 그리스와 상황이 많이 다릅니다. 그동안 공무원연금이 적자로 재정적인 부담이 되자 여러 차례 개정되었습니다. 2016년 바뀐 현재의 제도에 따르면, 공무원 본인이 납부해야 할 개인 기여율은 7퍼센트에서 9퍼센트로 늘어났지만, 퇴직 이후에 수령하는 연금 지급률은 1.9퍼센트에서 1.7퍼센트로 떨어졌습니다. 즉, 공무원 개인이 내야 할 돈은 늘어났지만 받는 돈은 줄어들게 된 것입니다. 또한 65세부터 연금을 받는 것으로 수령 시기도 늦춰졌습니다.

이러한 변화 때문에 수익률 측면에서 공무원연금이 국민연금보다 나빠졌습니다. 즉, 동일한 보험료를 냈을 때 공무원연금이 연금액을 더 적게 받는 것입니다. 현재 공무원연금의 지급률인 1.7퍼센트

공무원연금과 국민연금의 비교

<table>
<tr><th colspan="2" rowspan="2"></th><th colspan="2">공무원연금</th><th rowspan="2">국민연금</th></tr>
<tr><th>2016년 이전</th><th>2016년 이후</th></tr>
<tr><td>개인 기여율</td><td>소득 대비 납부하는 보험료</td><td>7퍼센트</td><td>9퍼센트</td><td>4.5퍼센트</td></tr>
<tr><td>연금 지급률</td><td>1년간 보험료 납부하면 받는 소득 대비 연금 수준</td><td>1.9퍼센트</td><td>1.7퍼센트</td><td>1.0퍼센트</td></tr>
<tr><td rowspan="2">연금 수급 연령</td><td rowspan="2">연금 받을 수 있는 나이</td><td>2010년 이전 임용 = 60세</td><td rowspan="2">65세</td><td rowspan="2">65세</td></tr>
<tr><td>2010년 이후 임용 = 65세</td></tr>
</table>

에 재직 기간을 곱하면 소득 대체율이 나오는데, 30년 재직하면 소득 대체율은 51퍼센트입니다. 즉, 공무원 재직 기간 중 평균 월 소득이 100만 원이면 퇴직 후에는 공무원연금이 매달 51만 원 나오는 것을 의미합니다. 반면 국민연금의 소득 대체율은 30년 가입자 기준으로 30퍼센트입니다. 만약 30년간 평균 소득이 100만 원이었다면 국민연금으로 월 30만 원을 받게 됩니다.

이를 단순히 받는 금액으로만 비교하면 공무원연금(51만 원)이 국민연금(30만 원)보다 훨씬 더 많습니다. 그러나 공무원들은 51만 원을 받기 위해 매달 9만 원을 내야 합니다. 그렇게 되면 4만 5000원을 내고 30만 원을 받는 국민연금 가입자보다 수익률은 나빠지게 됩니다. 쉽게 말해 공무원연금은 국민연금보다 두 배 많이 내고 1.7배만을 더 받는 셈인 것입니다.

물론 2019년 기준으로 공무원연금의 1인당 월 평균 지급액은

237만 원으로, 국민연금의 55만 원보다 네 배 이상 많습니다. 그런데 공무원(9퍼센트)은 일반 직장인(4.5퍼센트)보다 두 배 많은 연금 보험료를 내고 있습니다. 또한 공무원연금의 평균 가입 기간(26.1년)이 국민연금(17.4년)보다 일반적으로 훨씬 길다는 점도 큰 영향을 미칩니다. 간단히 말해서 오랫동안 더 내니까 많이 받는 원리입니다.

또 하나의 공적 연금인 군인연금도 공무원연금과 비슷한 구조입니다. 그런데 군인연금의 월 평균 지급액은 272만 원으로 가장 많습니다. 심지어 군인이 내는 보험료(7퍼센트)는 공무원(9퍼센트)보다 낮은데, 군인이 받는 연금 지급률(1.9퍼센트)은 공무원(1.7퍼센트)보다 더 높습니다. 일반 공무원처럼 월 100만 원을 기준으로 하면, 군인은 매달 7만 원을 내고 54만 원을 받는 것입니다. 9만 원을 내고 51만 원을 받는 공무원보다 수익률이 월등히 좋습니다. 게다가 20년 이상만 재직하면 나이와 상관없이 전역 다음 달부터 바로 연금을 받는 특별한 혜택도 있습니다.

군인연금이 이렇게 설계된 이유는 군인의 특수성을 배려했기 때문입니다. 군인은 최전방 경계 등 근무 환경이 열악하고, 항상 긴장 상태를 유지해야 하며, 국가를 위해서 목숨을 담보로 임무를 수행해야 합니다. 이러다 보니 군인연금에는 노후 생활 보장이라는 일반적인 연금 기능 이외에도 국가가 주는 보상이라는 개념도 함께 담겨 있다고 합니다.

만약 현재 연금 제도 아래에서 공무원들에게 선택권이 주어진다면 당장 많이 내야 하는 공무원연금보다 부담이 적으면서도 수익률이 더 좋은 국민연금을 선택할 가능성이 더 높습니다. 게다가 공무원연금 수령자는 기초연금 대상자에서 무조건 배제되고, 노후에 일정 금액(2023년 250만 원) 이상의 다른 소득이 있으면 기한 제한 없이 연금 지급액이 줄어들기 때문에 더더욱 그렇습니다.

공무원연금은 국가마다 운영 방식과 체계가 많이 다릅니다. 그렇지만 다른 나라에서도 국민연금과 통합하거나 연금 지급률을 낮추는 등 정부 재정 부담을 줄이기 위해 노력한다는 점은 똑같습니다.

먼저 일본은 2015년 10월부터 공무원연금과 사학연금을 모두 후생연금에 통합했습니다. 일본의 공적 연금은 크게 우리나라의 기초연금에 해당하는 국민연금과 소득 비례 연금인 후생연금으로 구성되어 있습니다. 후생연금은 우리나라의 국민연금과 비슷한 제도입니다.

일본의 공적 연금 제도는 1961년부터 시작되었지만 고령화와 인구 감소로 연금 개혁의 필요성이 꾸준하게 제기되었습니다. 이 때문에 공적 연금 보험료를 올리고, 연금액을 기대 수명 연장과 출산율 감소 등에 연동해 자동적으로 조정하는 개혁을 단행한 것입니다. 2017년 후생연금 보험료율을 18.3퍼센트까지 올렸고, 국민연금 보험료도 1만 6900엔으로 높였습니다. 2015년 10월부터는 국가공무원 공제연금의 월 평균 연금액을 16만 1000엔으로 동일하게 맞췄고, 보험료율도 후생연금과 똑같이 조정했습니다. 2015년 공무원연금과 후생연금이 통합된 이후 매월 공무원연금 수령액은 일부 감소했으며, 보험료율은 18.3퍼센트 수준으로 높아졌습니다. 결국 일반 국민과 공무원이 동일 보수에 대해 똑같은 보험료를 부담하고 동일한 연금을 지급받도록 한 것입니다.

미국은 1984년부터 임용된 공무원이 일반 국민연금과 공무원연금 두 가지 모두 가입하는 방법으로 형평성 문제를 극복했습니다. 공무원연금에 대한 정부의 재정 부담과 일반인과의 형평성 차이를 줄이는 효과를 함께 거두기 위해서라고 합니다.

유럽은 대체로 공무원연금을 유지한 채 정부의 재정 부담을 줄이는 길을 선택하고 있습니다. 먼저 전문 직업 공무원 개념이 오래전부터 발달한 독일은 원래 공무원 노후를 국가가 보장해준다는 취지에서 연금 보험료를 내지 않고 국가가 모든 재정을 부담했습니다. 그러나 국가 재정 부담이 급격히 증가하자 2003년 공무원연금 개혁을 실시해 연금 지급률을 낮췄고, 2007년에는 연금 수령 시기를 65세에서 67세로 늦추기로 했습니다.

영국도 2011년 개혁안을 통해 2026년까지 연금 수급 연령을 현재 65세에서 67세로 높이고 보험료율도 평균 3.2퍼센트 인상하기로 해 연간 56조 원에 이르는 연금 부담을 줄일 계획입니다. 프랑스는 2003년 공기업연금을 국민연금과 합친 데 이어 2020년에는 공무원연금도 국민연금과 통합했습니다. 또한 완전 연금 수령을 위한 가입 기간을 41.5년으로 늘리고, 연금 수급 연령을 62세로 연장하는 개혁 조치를 단행하기도 했습니다.

공무원연금에 대해 국민과 사회는 비판적이고 부정적인 입장을 보이고 있습니다. 물론 보험료와 납입 기간이 다르지만 공무원연금과 국민연금은 수령액 차이가 크기 때문에 항상 비교 대상이 될 수밖에 없습니다. 언론은 공격적으로 비판하지만, 정부는 수동적으로 해명하는 수준에 그칩니다. 이제는 적자 폭이 커지면서 더 많은 국가 재정이 투입되어야 하는 상황이기에 어쩌면 당연하고 합리적인 비판일 수 있습니다.

> “공무원이 신귀족처럼 됐다. … 보험의 수리적 구조상 말도 안 되게 (공무원들에게) 유리한 구조가 있어서 그런 것이다.” 대권 도전에 나선 윤희숙 국민의힘 의원이 최근 한 언론 인터뷰에서 한 말이다. … 65세 이상의 1인 노인 가구의 노후 생활비는 130만 원 정도다. 식료품비, 의료비, 통신비 등을 포함해 추산한 금액이다. 평균 237만 원의 연금이 매달 나온다면 적어도 노후 생계 걱정은 없다.
>
> ○ 「“역시 공무원 했어야”… 국민연금 55만 원 vs 공무원연금 237만 원, 왜?」, 『매일경제』, 2021년 8월 14일.

심지어 2022년 여론조사에서는 공무원연금과 국민연금을 아예 통합 운영하는 것에 찬성하는 국민(63퍼센트)이 반대(26퍼센트)보다 훨씬 더 높게 나오기도 했습니다. 연금 통합은 공무원연금을 너무 많이 지급해서 재정 부담이 크니, 국민연금 수준으로 낮추자는 결론으로 이어질 가능성이 큽니다.

그렇지만 두 연금을 통합하는 것은 그리 간단한 문제가 아닙니다. 통합 과정에서 현재 은퇴한 공무원들(60만 명 규모)의 연금은 누구 돈으로 줄 것인지가 문제될 수 있고, 국민연금에 가입한 공무원들의 퇴직금이 민간에 비해 월등히 적어서 이를 현실화해야 하기 때문에 국가 재정에 새로운 부담이 증가한다는 점도 고려해야 합니다.

그러나 저출산 고령화 현상이 심해질수록 공무원 연금은 앞으로도 개혁 대상으로 언급될 것이고, 그렇게 되면 공무원들에게는 불리한 방향으로 바뀔 것이 분명합니다. 결국에는 시간과 금액의 차이가 있을 뿐, 지금보다 더 내고 더 늦은 시점에 덜 받을 가능성이 높기 때문입니다.

참고 문헌

KBS 역사추적 팀 · 윤영수, 『한국사를 바꿀 14가지 거짓과 진실』, 지식파수꾼, 2011.

권기환, 『조선의 공무원은 어떻게 살았을까』, 인물과사상사, 2022.

권기환, 「진짜 암행어사, 우리가 몰랐던 이야기」, 보고사, 2021.

규장각한국학연구원, 『실용서로 읽는 조선』, 글항아리, 2013.

규장각한국학연구원, 『일기로 본 조선』, 글항아리, 2013.

규장각한국학연구원, 『조선 양반의 일생』, 글항아리, 2009.

김범준, 『80년생 김 팀장과 90년생 이 대리가 웃으며 일하는 법』, 한빛비즈, 2020.

김응준, 『그놈의 소속감』, 김영사, 2019.

김철원, 『슬기로운 공무원 생활』, 마인드빌딩, 2020.

김훈, 『저만치 혼자서』, 문학동네, 2022.

문유석, 『개인주의자 선언』, 문학동네, 2015.

박민규, 『카스테라』, 문학동네, 2012.

박성호 · 박성표, 『예나 지금이나』, 그린비, 2016.

송기호, 『과거보고 벼슬하고』, 서울대학교출판문화원, 2014.

송기호, 『임금되고 신하되고』, 서울대학교출판문화원, 2014.

신재민, 『왜 정권이 바뀌어도 세상은 바뀌지 않는가』, 유씨북스, 2020.
임용한 · 김인호 · 노혜경, 『뇌물의 역사』, 이야기가있는집, 2015.
임홍택, 『90년생이 온다』, 웨일북, 2018.
정두언, 『최고의 총리, 최악의 총리』, 나비의 활주로, 2011.
정부혁신어벤져스, 『90년생 공무원이 왔다』, 경성 e-북스, 2020.
제이콥 로버트 무스, 『1900, 조선에 살다』, 푸른역사, 2008.
조창현, 『정부에는 행정학이 없다』, 범우, 2011.
조환익, 『공직의 문』, 매일경제신문사, 2020.

「[라이프] 개고기에 잡채까지…조선 시대에도 판쳤던 '뇌물'」, 〈SBS〉, 2017년 3월 7일.
「[사설] 아직도 낙하산 인사인가」, 『경향신문』, 2001년 5월 10일.
「[시대별 직업 선호도] IMF 영향 공무원, 자영업 으뜸」, 『매일경제』, 1999년 1월 12일.
「[톡톡일본] 철밥통도 싫다…외면받는 '가스미가세키'」, 『한국경제신문』, 2021년 1월 31일.
「[활력 잃은 공직사회][上 · 下]」, 『조선일보』, 2022년 8월 1일, 2022년 8월 2일.
「'철밥통' 면허…불법 투약 · 시신 유기 의사에 "재발급" 판결」, 〈JTBC〉, 2022년 5월 31일.
「"승진 시험공부"…결근 잦은 공무원|근태로 승진 안 시켜-남 총리」, 『중앙일보』, 1981년 4월 27일.
「"임금에 대답하지 않는 신하" 조선 시대에도 '레임덕'」, 〈KBS〉, 2013년 2월 7일.
「"품위 유지 위반"…문신 · 피어싱 공무원 '감봉 3개월' 논란」, 〈JTBC〉, 2020년 2월 4일.
「IMF 빚 못 갚아…그리스, 선진국 중 첫 국가 부도 사태」, 〈JTBC〉, 2015년 7월 1일.
「감사원 "하청 업체 대표가 논문 대필…대전시 공무원 수사 의뢰"」, 〈KBS〉, 2022년 8월 11일.

「공무원 등용문 "바늘구멍"」, 『매일경제』, 1988년 1월 8일.
「공무원 시험 전쟁' 이유 있다…기대 소득 7억 8천만 원 많아」, 『한국경제』, 2017년 10월 29일.
「공무원 준비도 돈 돈 돈…월 평균 180만 5천 원 지출」, 『경북일보』, 2021년 4월 28일.
「공무원·공공기관 취업 청년 "임금 낮아도 만족도 높아"」, 〈YTN〉, 2016년 6월 27일.
「공무원의 이직률 증가」, 『중앙일보』, 1968년 6월 19일.
「관계의 부침」, 『조선일보』, 1927년 6월 7일.
「기간·수당 늘리니…작년 남 공무원 육아휴직 40% 넘었다」, 『파이낸셜 뉴스』, 2022년 5월 5일.
「김영삼 대통령, 공직 사회에 복지부동 질타」, 〈MBC〉, 1994년 4월 23일.
「매년 수조 원 적자인 공무원연금…개혁 방향은?」, 〈KBS〉, 2019년 12월 30일.
「물가 50배 오를 때 연봉은 400배 뛰었는데…왜 내 통장은 '텅장'일까」, 『동아일보』, 2020년 11월 17일.
「민원인 갑질에 시달리는 공무원들…우리도 법적 보호 받아야」, 〈YTN〉, 2021년 11월 10일.
「벽찬 '학사 공무원'에의 길」, 『경향신문』, 1960년 12월 15일.
「사설: 영혼이 있는 공무원이 나라를 살린다」, 『중앙일보』, 2008년 1월 5일.
「서울시청, 공무원 출근시간 준수 저조」, 『조선일보』, 1951년 12월 6일.
「신림동 일대 전국 최대 고시촌으로, 해마다 합격자의 30% 배출」, 『경향신문』, 1989년 4월 19일.
「썰렁해진 노량진 공시촌…'코로나 영향에 공무원 선호까지 하락'」, 〈YTN〉, 2022년 4월 12일.
「예비 후보 SNS에 50차례 '좋아요'…공무원 훈계 처분」, 〈전주MBC〉, 2022년 7월 5일.
「의사·변호사·박사 '3사'도 일자리 없다」, 『중앙일보』, 1987년 3월 21일.
「일제 때 조선총독부는 선망의 직장(?)」, 〈연합뉴스〉, 2009년 5월 14일.
「재소자 소액 뇌물 받은 인천구치소 공무원 벌금형」, 〈연합뉴스〉, 2013년 11월

3일.

「조선 시대를 통해 본 공무원 인사의 문제점」, 『동아비즈니스리뷰』, 2022년 6월 13일.

「행정복지센터 공무원은 왜 민원인을 때렸나?」, 〈KBS〉, 2022년 8월 6일.

강영철, 「'영혼 없는' 공무원? 그럴 수밖에 새 정부, 실패 반복하지 않으려면…」, 『매일경제』, 2022년 4월 20일.

강지남, 「공무원은 박봉? 대기업 빰치네!"」, 『주간동아』 1226호, 2020년 2월 14일.

강진주, 「'신림동 고시촌'의 어제와 오늘」, 『매거진한경』, 2015년 10월 15일.

고길론, 「[시론] '영혼 없는 공무원'을 위한 변론」, 『한국경제』, 2022년 6월 30일.

고득관 「"공무원연금이 명함도 못 내밀 수준"…28% 덜 내고 12% 더 받는 연금의 왕은」, 『매일경제』, 2021년 9월 18일.

고득관, 「"역시 공무원 했어야"…국민연금 55만 원 vs 공무원연금 237만 원, 왜?」, 『매일경제』, 2021년 8월 14일.

곽재민, 「시청 깜짝 방문했는데 아무도 없네…두바이 왕의 헛걸음」, 『중앙일보』, 2016년 8월 31일.

곽지훈·민예람·유수빈, 「출장비만 하루 7000만 원…'길과장' '길국장' 아시나요」, 『중앙일보』, 2018년 6월 18일.

곽희양, 「헌재 "공무원 성과급 재분배 금지 규정 합헌"」, 『경향신문』, 2016년 12월 2일.

구경민·노규환, 「"세월호 재발 막자" 해놓고 다시 고개든 관피아」, 『머니투데이』, 2017년 4월 11일.

구민교, 「[투데이 窓] 공무원과 정치적 중립」, 『머니투데이』, 2022년 7월 14일.

권구찬, 「[관점] 공무원 늘린다는데…노량진 공시촌 '기회의 문'인가 '희망 고문'인가」, 『서울경제』, 2019년 7월 4일.

권대열, 「한자리 1년도 못 채우고 빙빙 도는 고위 공무원들」, 『조선일보』, 2014년 5월 14일.

기민도·이하영, 「9급→5급 승진에…기재부 19년 6개월·법무부 31년 3개월」, 『서울신문』, 2020년 9월 28일.

길효근, 「[여백] 영혼 없는 집단」, 『대전일보』, 2022년 6월 30일.
김기범, 「9급 이어 7급 공무원 경쟁률도 하락…공무원 인기 시들해졌나」, 『경향신문』, 2022년 6월 8일.
김기범, 「국가직 9급 공채 최종 합격자 6126명 발표…여성 합격자 54%」, 『경향신문』, 2022년 7월 5일.
김기범, 「지방 공무원들 '선거 중립 나 몰라라'」, 『경향신문』, 2022년 5월 2일.
김기윤, 「[책의 향기] '공무원스럽다'는 말, 300년 전에도 있었다」, 『동아일보』, 2020년 12월 26일.
김대영, 「[장서 산책] 오노레 드 발자크 '공무원 생리학'」, 『시니어매일』, 2021년 2월 8일.
김동욱, 「[김동욱의 일본 경제 워치] '낙하산 취업' 사라진 이후 일본 관료들의 선택은?」, 『한국경제』, 2018년 11월 5일.
김동호, 「일본도 7년째 '관피아와 전쟁'」, 『중앙일보』, 2014년 4월 29일.
김민영, 「아들 카페 개업식 도와라… '갑질' 국장에 중징계」, 『국민일보』, 2022년 8월 3일.
김성걸, 「공무원 봉급 수준 중소업체와 비슷/대기업에는 크게 못 미쳐」, 『한겨레』, 1999년 4월 10일.
김순환, 「성과급 제도의 서울시 공무원 설문조사」, 『문화일보』, 2001년 6월 20일.
김승연, 「공무원 초과근무 부정 수령, 이젠 매크로까지 돌렸다」, 『국민일보』, 2021년 12월 29일.
김연명, 「연금통합론이 말해주지 않는 것들」, 『한겨레』, 2022년 3월 3일.
김영석, 「"공무원 상사 1년만 버티면 떠난다" 고위 공무원 절반이 1년 내 인사이동」, 『국민일보』, 2015년 9월 11일.
김유민, 「180만 원 받는 공무원입니다…결혼하고 아이 키울 수 있나요?」, 『서울신문』, 2022년 8월 23일.
김윤정, 「[팩트체크] 현행 공무원 직급 체계 일제 잔재라는 주장 사실일까」, 『전북일보』, 2019년 8월 1일.
김정완, 「'철밥통 매력 못 느껴' MZ 세대가 공무원 떠나는 이유」, 『아시아경제』, 2022년 7월 1일.

김정한, 「유니클로 회장 쓴 소리 '할 말 못하는 일 문화 때문에 일본 망할 것」, 『뉴스원』, 2020년 9월 8일.
김준혁, 「[김준혁의 역사와 오늘] 흑산도 백성 김이수의 격쟁」, 『중부일보』, 2018년 8월 1일.
김중권, 「복종과 상명하복이 언급되는 국가와 사회가 근대적인가?」, 『법률신문』, 2021년 9월 2일.
김지선, 「"내 몸에 내가 한다는데…" 공무원이 문신했다면?」, 〈연합뉴스〉, 2020년 10월 17일.
김지영, 「[매력 떨어진 공직] 최저임금만 못한 9급 월급…국가직은 '생활고'」, 『이투데이』, 2022년 6월 7일.
김지영, 「[매력 떨어진 공직] 헌신의 대가는 '조기 퇴직'…고시 출신 사기도 바닥」, 『이투데이』, 2022년 6월 7일.
김찬호, 「[사유와 성찰] 공무원의 안정, 공공의 안녕 위협」, 『경향신문』, 2014년 5월 9일.
김창기, 「[이것부터 고치자] "순환보직 '아마추어 관료' 양산"」, 『조선일보』, 1998년 3월 8일.
김하경, 「공무원 퍼주다가 곳간 텅 빈 그리스」, 『매일경제』, 2017년 12월 12일.
김홍수, 「[만물상] '탈 공무원' MZ 세대」, 『조선일보』, 2022년 8월 2일.
김희윤, 「조선 시대 관료에게도 '뇌물 5금' 있었다」, 『아시아경제』, 2017년 3월 23일.
남미래, 「[기획연재] '시험'을 넘어 '채용'으로」, 『퍼블릭뉴스』, 2014년 5월 13일.
남정호, 「[분수대] 낙하산 인사」, 『중앙일보』, 2011년 5월 9일.
남현정, 「공무원 10명 중 9명 "'품위 유지 의무' 규정 폐지해야"」, 『공무원U신문』, 2017년 9월 26일.
노승길, 「그들만의 리그…각종 '피아'가 난무하는 관료 사회」, 『아시아투데이』, 2014년 5월 15일.
노혜경, 「[영조와 정조를 통해 본 리더십] 전례가 없어서 안 된다니…즉시 행하여 새 전례를 만들라」, 『동아비즈니스리뷰』 214호, 2016년 12월.
류영욱, 「역시 공무원 아빠는 슈퍼맨…공무원 육아휴직 40%가 남성」, 『매일경제』, 2022년 5월 5일.
명순영 · 문희철, 「모피아 · 산피아 · 국피아…뷰로피아(bureaucracy+mafia) 세상 대한민국」, 『매일경제』, 2013년 6월 19일.
박공식, 「[더지방포스트_특집] 프랑스 독일은 공무원 신분으로 선거 출마 가능」, 〈지방정부 티비유〉, 2018년 7월 10일.
박동훈, 「공무원, 과연 미래에도 안정적인 직업일까?」, 〈지방정부 티비유〉, 2018년 6월 26일.
박상돈, 「공공기관 신입 초봉 3천728만 원…기본급 9급 공무원보다 984만 원 많아」, 〈연합뉴스〉, 2022년 5월 19일.
박성국, 「[테마로 본 공직 사회](39) 공무원 채용 제도 변천」, 『서울신문』, 2012년 3월 26일.
박수선, 「2010년 올해의 사자성어 '장두노미(藏頭露尾)'」, 『교수신문』, 2017년 2월 18일.
박영규, 「궁녀 '왕의 여자' 인식은 잘못…관리처럼 정식 품계 받은 전문직 공무원」, 『문화일보』, 2021년 11월 19일.
박지연, 「철밥통 깨고 나오는 청춘, 그들은 왜…」, 『한국일보』, 2019년 2월 23일.
박찬구 「"등 문신 이유로 경찰공무원 신체검사 불합격은 잘못"」, 『서울신문』, 2022년 4월 21일.
박철홍, 「광주 동 · 남 · 북구 공무원 노조 성과급 재분배 '논란 반복'」, 〈연합뉴스〉, 2021년 4월 8일.
박현모, 「[박현모의 세종이 펼친 '진짜 정치'] '한글 창제 목적' 후대에 전하려…최만리와 의도된 '찬반 논쟁'」, 『문화일보』, 2019년 8월 14일.
박현철, 「월드컵 덕에 여성 법조인 100여 명 늘어」, 『한겨레』, 2012년 11월 20일.
박형윤, 「공무원 징계, 집에서도 해야 하나」, 『전북일보』, 2020년 2월 5일.
배준호, 「과전(科田)에서 현대 퇴직연금까지」, 『이코노미 인사이트』, 2011년 6월 1일.
백광엽, 「[천자 칼럼] '공무원 천국' 싱가포르」, 『한국경제』, 2019년 4월 29일.
변해정, 「정부 조직 대수술 시동…'철밥통' 공무원 더 안 늘린다」, 『뉴시스』, 2022년 7월 12일.

빈재욱, 「승진 축하 자리 후 음주운전 사고 낸 소방공무원…정직 1개월 중징계」, 『머니S』, 2021년 12월 8일.

사지원, 「9급 공무원 경쟁률 29.2 대 1로 '뚝'…30년 만에 최저」, 『동아일보』, 2022년 4월 3일.

성수영, 「"아들아, 공무원이 최고다"…4000년 전 아버지의 진심」, 『한국경제』, 2022년 9월 10일.

손진석, 「세상과 멀어지는 '갈라파고스 관료들'」, 『조선일보』, 2016년 8월 2일.

송광섭 · 이종혁, 「행시 합격 1년 뒤 학원 강사 이직…2030 세종 관가 탈출 줄잇는다」, 『매일경제』, 2022년 1월 12일.

송의달, 「[특파원 칼럼] 싱가포르 공무원 왜 대접받나」, 『조선일보』, 2007년 5월 13일.

신재용, 「꼰대에 시달리고 얻는 건 박봉 뿐…이러니 MZ는 공무원 떠난다」, 『중앙일보』, 2022년 8월 19일.

심원섭, 「'더 내고 덜 받는' 국민연금 개혁…'찬성' 48% vs '반대' 45%」, 『CNB뉴스』, 2022년 7월 1일.

심재현, 「삼성전자 과장 성과급 4000만 원…8년 만에 그룹 차원 특별보너스」, 『머니투데이』, 2021년 12월 22일.

양종길, 「돈과 사람 개혁 가능할까? 성과급제는 성과를 높일 수 있을까?(성과급제 강화 대책의 허실)」, 〈지방정부 티비유(tvU)〉, 2018년 6월 20일.

오윤희, 「[기자의 시각] 촌도=알아서 기어라」, 『조선일보』, 2017년 4월 20일.

오항녕, 「[오항녕의 조선, 문명으로 읽다] 과거는 유교국가 떠받치는 인재풀, 조선판 능력주의」, 『중앙일보』, 2022년 5월 27일.

오현환, 「[만파식적] 손타쿠」, 『서울경제』, 2020년 10월 18일.

유성운, 「[유성운의 역사정치] 집권 세력의 '내로남불' 경제 민주화…정도전과 홍종학」, 『중앙일보』, 2018년 9월 16일.

유승호, 「[흔들리는 경제 관료] "장 · 차관까지 해보겠다" 꿈 가진 초임 사무관 찾아보기 어려워」, 『한국경제』, 2010년 4월 4일.

유재희, 「"내년 공무원 · 군인연금서 27조 나간다"…적자만 8조」, 『머니투데이』, 2022년 9월 5일.

윤고은,「중국 공무원시험 응시자 200만 명 돌파…“인기 꾸준히 상승”」, 〈연합뉴스〉, 2021년 11월 29일.

윤창수,「[커버스토리] 노량진 공시촌의 역사는」,『서울신문』, 2013년 9월 28일.

이귀전,「시진핑 ‘내 지시 없으면 아무것도 안 해’…관리들 ‘복지부동’ 질타」,『세계일보』, 2021년 7월 12일.

이기환,「[이기환의 흔적의 역사] ‘왕수석’ 정약용의 무단 이탈기」, 2013년 7월 26일.

이기환,「[이기환의 흔적의 역사] “을느보가 무엇이오” 영어에 푹 빠졌던 조선, 일제의 교육이 망쳐놨다」,『경향신문』, 2020년 6월 30일.

이기환,「[이기환의 흔적의 역사] 딸을 낳으면 집안이 망한다」, 2013년 7월 8일.

이기환,「[이기환의 흔적의 역사] 연산군 앞에서 술잔 엎은 예조판서의 운명…“가문의 씨를 말려라!”」, 2020년 5월 22일.

이기환,「[이기환의 흔적의 역사] 조선의 소설열풍과 요지경 댓글문화」, 2018년 6월 28일.

이미숙,「〈오후여담〉 문 정권의 ‘손타쿠’」,『문화일보』, 2020년 9월 11일.

이민아,「경제 부처 과장 100명 중 85명 ‘민간으로 이직할 생각 있다’」,『조선일보』, 2020년 2월 20일.

이민영,「[생각나눔] 공무원 품위유지 의무 규정 꼭 필요할까요」,『서울신문』, 2016년 8월 3일.

이새샘,「‘왕의 선물’에 담긴 조선의 덕치」,『동아일보』, 2010년 10월 1일.

이선용,「공무원시험 준비생 16%만 합격, 시험 실패 시 노동 시장서 부정적 영향」,『공무원수험신문』, 2022년 6월 13일.

이수민,「‘성과급 지급 기준 알려 달라’ SK하이닉스, 저연차 직원 메일에 ‘발칵’」,『서울경제』, 2021년 1월 30일.

이승원,「정부 고위직 1978명 평균 재산 16억 원…45.8%는 1억 이상 증가」,『글로벌경제신문』, 2022년 3월 31일.

이욱재,「대법, ‘7억 뇌물수수’ 혐의 서울시 공무원 무죄 확정」,『아시아투데이』, 2017년 11월 26일.

이은윤,「칠전팔기의 공부 마을 ‘고시촌’」,『중앙일보』, 1974년 7월 19일.

이종구,「공무원이 좋다고요? 손도끼까지 든 민원인 횡포에 무너집니다」,『한국일보』, 2021년 11월 4일.
이주현,「OECD 국가 대부분 공무원 정당 가입 허용」,『한겨레』, 2010년 2월 3일.
이준우,「노무사 · 감정평가사…전문직 지원자는 최다, 공무원 경쟁률은 최저」,『조선일보』, 2022년 8월 24일.
이진혁,「일은 많은데 박봉, 꼰대문화까지…떠나는 MZ 공무원들」,『파이낸셜뉴스』, 2022년 6월 29일.
이현진,「91~94학번이 말하는 'IMF 시절' 취업 전선」,『한국경제』, 2017년 10월 11일.
이호준,「이근면 처장, '싱가포르 벤치마킹해 한국형 인재 양성 방안 마련」,『전자신문』, 2015년 12월 11일.
임지훈,「[무너지는 엘리트 경제 관료] 국회에 치이고 세종 섬에 갇혀 무기력…책상머리 정책 양산 우려」,『서울경제』, 2016년 12월 4일.
장경순,「보리스 존슨은 떠나도 철밥통 고양이는 남는다」,『서울와이어』, 2022년 7월 8일.
장영훈,「'실리콘 위조 지문'으로…초과근무 수당 챙긴 소방공무원들」,『동아일보』, 2015년 11월 6일.
장영희,「공무원 봉급 인상의 빛과 그림자」,『시사저널』, 1999년 7월 29일.
장태민,「'모피아'에 대한 시장 불신」,『머니투데이』, 2004년 8월 25일.
전정윤 · 정인환,「대륙엔 '900만 공시생'이 있다…중국 청년도 "불안해서 공무원"」,『한겨레』, 2021년 5월 17일.
전현선,「[고전문학 감상] '보통 아버지' 연암 박지원의 내리사랑」,『매일경제』, 2022년 7월 8일.
정민,「[Why] 임금에게 직언하는 올곧은 선비가 되어라」,『조선일보』, 2008년 8월 6일.
정봉오,「공무원 시험 응시생, 정부청사 침입해 성적 조작…인사처 "합격자 발표 영향 무"」,『동아일보』, 2016년 4월 6일.
정상균,「인사처 '꼰대 공무원' 안 되는 법」,『파이낸셜 뉴스』, 2021년 4월 25일.
정석우,「기재부 1년차, IT 기업 갔다…2030 공무원 퇴직 4년 새 2배」,『조선일보』, 2022년 8월 1일.
정승원, 「국가공무원이 명문대 취준생으로부터 외면받는 이유」, 『뉴스투데이』, 2021년 12월 16일.
정원석, 「[흔들리는 경제 관료] 세월호 '관피아' 논란 때보다 떨어진 공무원 생활 만족도」, 『조선일보』, 2020년 2월 23일.
정유미, 「공무원 시험 준비 중인 '공시족' 절반은 직장인」, 『경향신문』, 2021년 4월 6일.
정유진, 「출세의 길을 택한 식민지 조선의 엘리트들」, 『경향신문』, 2019년 6월 28일.
정회성, 「대낮 음주운전 추돌사고 낸 경찰관 강등 중징계」, 〈연합뉴스〉, 2022년 11월 4일.
조기원, 「담배 많이 피운 공무원 사직…'흡연 천국' 일본의 변화」, 『한겨레』, 2018년 6월 6일.
조윤영, 김부겸 "선거 앞두고 공직자 정치적 중립 · 공직 기강 지켜달라" 『한겨레』, 2022년 1월 3일.
조현석, 「행시 인기 사시 추월?」, 『서울신문』, 2002년 12월 30일.
조홍민, 「[에디터의 창] 공무원은 국민 전체에 대한 봉사자다」, 『경향신문』, 2022년 7월 29일.
조홍민, 「'낙하산과의 전쟁' 성공할까」, 『경향신문』, 2009년 10월 4일.
주영재, 「조선 시대 문신 이황 · 김종직도 '셋방살이'했다」, 『경향신문』, 2015년 3월 8일.
진의환, 「함께 깨지는 것이 Corruption!」, 『매일경제』, 2022년 8월 24일.
최아름, 「[낙하산의 비극] 조선의 방지책 "부실 인사 추천하면 공동 책임"」, 『더스쿠프』, 2021년 8월 13일.
최원형, 「갈대를 움켜쥔 참게 그림 숨은 뜻은 '장원 급제 기원'」, 『한겨레』, 2012년 2월 24일.
최은경, 「AI땐 일자리 사라지는 공무원 25%…통 · 번역 많은 외교부 최다」, 『중앙일보』, 2020년 10월 7일.
최장원, 「[조선일보에 비친 '모던 조선'] [9] 교수들이 회사 돌며 '취직 행상'…

청년 실업자 넘쳐나」, 『조선일보』, 2011.년 3월 15일.
최진홍, 「[도시유산②] "지나고 보니 청춘이고 아픔이더라" 사라지는 회색의 거리, 노량진 고시촌」, 『이코노믹 리뷰』, 2022년 6월 17일.
최헌규, 「시안 확진자 지속 증가, 코로나19 방역 소홀 관리 26명 처분」, 『뉴스핌』, 2021년 12월 24일.
특별취재팀, 「3년 새 5번 바뀐 담당 공무원, 규제 풀리겠나」, 『동아일보』, 2019년 4월 4일.
특별취재팀, 「일 "연금 차별 안 된다"…공무원연금 아예 없애」, 『동아일보』, 2014년 1월 22일.
한현묵, 「공무원 성과상여금 16년째 '나눠 먹기'」, 『세계일보』, 2015년 8월 30일.
홍병기, 「'잘 나가는 공무원' 재경부 사무관…뭘 생각하고 어떻게 사나」, 『중앙일보』, 2006년 8월 10일.
홍순민, 「사초를 탐한 조선의 왕들」, 『한겨레21』 1116호, 2016년 6월 19일.
홍인철, 「사무관 · 주사 · 서기…공무원 직급 명칭 일제 잔재 없앤다」, 〈연합뉴스〉, 2019년 7월 25일.
황경상, 「조선 시대 관원들 출퇴근 엄격했다」, 『경향신문』, 2012년 12월 11일.
황은순, 「사람을 얻는 선물은 이런 것! 조선의 왕들이 가르쳐주다」, 『주간조선』 2212호, 2012년 6월 28일.

감사원, 「적극 행정 활성화 장애 요인 분석」, 2019년 10월.
강성득, 「조선 승지의 어느 하루와 워라밸」, 『민속소식』, 2020년 6월호.
국립국어원, 「'철밥통'과 '유리밥통'」, 『쉼표, 마침표』, 2013년 4월호.
국민권익위원회, 「조선 시대의 신문고, 어떤 모습이었을까?」, 2013년 3월 13일.
국회입법조사처, 「일본 공무원 정년 연장 관련 제도의 동향과 시사점」, 2021년 12월 10일.
김광호, 「정부 부문의 전문성 제고를 위한 인사 제도의 개선」, 『KDI 정책포럼』 제194호, 2008년 2월 21일.
김다니, 「고위 공직자의 정치적 중립 훼손 경험과 인식」, 서울대학교 대학원 행정학과 석사학위 논문, 2017.
김도영,「대졸 청년의 공무원 시험 준비 및 합격에 나타난 계층 수준과 교육 성취의 효과」, 비판사회학회, 2019년.
김렬,「조선 시대 관찰사의 파직 실태」,『한국행정논집』 제27권 제1호, 2015년 봄.
김렬,「조선 전기 관료제의 임기제」,『지방정부 연구』 제18권 제4호, 2015년 2월.
김순양,「공무원의 정치적 중립: 개념, 규범성, 실현가능성에 대한 토의」,『한국사회와 행정연구』 제31권 제4호, 2021년 2월.
김순양,「지방공무원의 정치적 중립 저해 요인에 관한 고찰」,『국정관리연구』 제15권 제4호, 2020년 12월.
김순양,「행정윤리 규범으로서의 불편부당성」,『한국인사행정학회보』 제20권 제4호, 2021.
김종면,「주요국의 공무원 임금 교섭 제도」, 한국조세연구원, 2008년 3월.
대한상공회의소,「국내 기업의 회의 문화 실태와 개선 해법 보고서」, 2017년 2월 27일.
민병익 · 김주찬,「'낙하산 인사'가 공공기관 경영이행 실적에 미친 영향」,『지방정부연구』 제19권 제3호, 2015년 가을.
박천오,「공무원의 정치적 중립: 의미와 인식」,『행정논총』 제49권 제4호, 2011년 12월.
배한나 · 최재성,「공무원 시험 준비와 자격: 대학 서열과 사회경제적 배경을 중심으로」, 성균관대학교, 2018년 7월.
백창현,「경찰공무원의 품위 유지 의무에 관한 법적 고찰」,『경찰학연구』 제16권 제2호, 2016.
변지현 · 오성수,「여성 공무원은 승진에서 불리한가? 승진 영향 요인과 성별 차이」,『한국정책과학학회보』 제26권 제1호, 2022년 3월.
삼성경제연구소,「경영의 새 화두: 일과 생활의 균형」, 2007.
심재우,「한양의 야간 통행금지와 밤 풍속」,『대학지성』 2021년 1월 17일.
윤견수,「한국 행정의 오래된 미래」,『한국행정학보』 제52권 제2호, 2018.
이경숙,「일제 시대 시험의 사회사」, 경북대학교 일반대학원 박사학위 논문, 2007.

이윤경, 「공무원 무사안일의 영향 요인 추세 분석」, 『정부학연구』 제20권 제2호, 2014.
이혜옥, 「고려 시대 공무원의 연봉, 얼마나 되었을까?」, 한국역사연구회, 2009년 8월 6일.
이희태, 「공무원 성과급 제도의 동기 부여 효과 분석」, 『지방정부연구』 제14권 제1호, 2010년 봄.
이희태, 「공무원의 보수 만족에 관한 연구」, 한국지방정부학회, 2009년 11월.
인사혁신처, 「공무원 임용사: 일제강점기부터 1990년대까지, 어떻게 공무원을 채용했을까?」, 2018년 11월 8일.
인사혁신처, 「사람나래: 옛 선비들의 일기 통해 본 조선 시대 인사 문제는?」, 2020년 5월 20일.
인사혁신처, 「사람나래: 일한 만큼 평가받는다! 공무원 성과 평가 제도」, 2022년 5월 23일.
인사혁신처, 「사람나래: 전문직 여성 공무원의 뿌리, 조선 시대 궁녀를 알아보자!」, 2020년 10월 5일.
인사혁신처, 「사람나래: 천 년 전 관리의 녹봉은 얼마였을까?」, 2020년 4월 3일.
인사혁신처, 「공무원 휴가 제도의 모든 것」, 2022년 7월 27일.
장신, 「1919~43년 조선총독부의 관리 임용과 보통문관시험」, 『역사문제연구』 제8집, 2002.
장신, 「일제하 조선인 고등 관료의 형성과 정체성」, 『역사와 현실』 제63호, 2007.
전경목, 「조선 후기 지방 유생들의 수학과 과거 응시」, 『사학연구』 제88호, 2007.
조규형 · 정철영, 「국가공무원 지원자의 진로 의사 결정에 대한 내러티브 탐구」, 『직업교육연구』 제35권 제1호, 2016.
주OECD대표부, 「OECD 국가의 성과급 제도 운영 현황」, 2005년 7월 1일.
최병호 · 오정일, 「공무원에 대한 징계 수준의 결정 요인에 관한 연구」, 『한국인사행정학회보』 제16권 제3호, 2017.
한국재정정보원, 「인문학으로 풀어본 재정의 역사: 조선 시대 관리들은 월급만으로 살지 못했다」, 2019년 6월 21일.

허경진 · 최영화, 「과시 참고서를 통해 본 조선 시대 수험 문화의 한 국면」, 『열상고전연구』 제40집, 2014년 6월.

홍희정 · 홍성현, 「양성 평등 채용 목표제의 효과성 분석: 국가직 공무원 채용을 중심으로」, 『한국행정논집』 제34권 제2호, 2022년 6월 30일.

국사편찬위원회 전자사료관(http://history.go.kr)

문화콘텐츠닷컴(www.culturecontent.kr)

우리역사넷(http://contents.history.go.kr)

이기환 기자의 흔적의 역사(www.leekihwan.khan.kr)

조선왕조실록(http://sillok.history.go.kr)

한국고전종합DB(https://db.itkc.or.kr)

한국민족문화대백과사전(http://encykorea.aks.ac.kr)

한국사데이터베이스(http://db.history.go.kr)